楽しく遊びながら

発達障がい
&
グレーゾーン

"脳幹"を刺激する
運動・遊びで
能力アップ！

子どもの「発達」を引き出す本

児童発達支援・放課後等デイサービス
LUMO運営Gotoschool代表
松本 哲［著］

医学博士
本間龍介［監修］

青春出版社

プロローグ　発達トラブルの改善は家庭でできる

立つことができない3歳児との出会い

私はLUMO（ルーモ）という子どもの運動教室を運営しています。

運動教室といっても、いわゆるかけっこが速くなるとか、体育が得意な子にするといったものではありません。

医師が監修した独自のプログラムのもと、いわゆる発達障がいやグレーゾーンの子どもたちが、運動を通して改善していくことを目指す……運動と療育を掛け合わせたプログラムを実践しています。

運動では成功体験を繰り返すことで自信がつき、チャレンジができるようになります。「できた！」を増やすことで「苦手！」に向き合う力もついてきます。楽しすぎて、子どもたちが帰りたくなくなる運動教室だと自負しています。

詳しい内容はこの後に譲りますが、私が発達障がい専門の運動療育に携わるようになったのは、ある男の子との出会いがきっかけでした。

それは10年ほど前、パーソナルジムを始めたときのことでした。当時、3歳くらいの男の子がお母さんに連れられてジムに来ました。

その子は鼻水とよだれが止まらず、自分一人では立てない、歩けない。言葉もほとんど出ない状態でした。

いろいろな病院をまわってみたけれど、脳にも体にも異常はなく、医師にも原因不明と言われたそうです。

最初に電話でご相談を受けたとき、「脳にも体にも異常がないのであれば、運動から得られる刺激で発達が促されるのではないか」と直感し、気づいたら、「ぜひ、お子さんを預からせてください」と即答していました。

そして週1~2回のパーソナルトレーニングが始まりました。

自分では歩けなかったので、足の裏に刺激を入れることからスタート。たとえば、半円形のバランスボールの不安定な足場を、スタッフが支えながら歩かせてみました。足の裏に刺激を感じたら、表情が変わるはずだと。

それ以外にもいろいろなもので試しましたが、最初のうちは怖がったり嫌がったりする意思さえも示さない状態でした。それでも根気よく続けていくうちに、少しずつ反応を示すようになってきました。

3カ月たった頃、「(痛いから)嫌だ」という意思を示したのです。彼の中で、自我のようなものが芽生え、〝嫌だ〟という感情が出てきたと、手応えを感じました。

それでもまだ、運動らしい運動はできないので、彼はまったく汗をかきません。それに引き換えスタッフは、彼を抱えたり、支えたり、引っ張ったりして汗だくでした。

そして半年後。ふと「最近、鼻水やよだれが出ていない」と気づきました。そしてさらに半年たった頃、なんと自分で歩けるようになったのです！

いつもジムに来るときは目の前の横断歩道をお母さんと手をつないでゆっくりゆっくり歩いていた子が、お母さんの手を離して歩いている。しかも、速歩《はや》きで。

彼の表情は自信満々で、目が輝いています。後ろからわが子を見つめるお母さんの目は、うるんでいました。

自信がついたことが大きかったのか、やがて「友だちと同じグループに入りたい！」とパーソナルトレーニングをやめ、集団のクラスに参加することに。その後、グループセッションのリーダーとなり、他者を思いやれる子どもに育ちました。

発達を促すだけじゃない！どの子にもある隠れた才能が見つかる

それ以降、ジムには同じような悩みを持つ子どもが訪れるようになりました。そして次々と発育・発達が追いつき、成長していきました。ただ、当時の私たちは、運動で刺激を加えることによって発育・発達が追いついてきたのだろうと思っていました。

ところが、さらに驚くことが起きました。

先にお伝えした彼が、とんでもない記憶力を持っていることがわかったのです。たとえば、集団のクラスの中で「1カ月前の第3金曜日に、○○ちゃん、クラスを休んでない？」

と言うので調べると、その通り！

ほかの子どもは、学校が休みの日に8時間も絵を描き続けるなどの集中力を見せ、また別の子どもは、車のナンバープレートの数字を覚えるのが得意になりました。

ここまで来て、ようやく私たちは「もしかしたら運動には、発育・発達を促すだけではない何かがあるのかもしれない」と思い始めました。

つまり、運動による刺激によって何かフタをされていたものが外れて、もともと持っていた特性や才能が開花するのではないか。その特性が、ある子は記憶力、ある子は集中力だったのではないか、と。


また、先の3歳の子どもの例を見ても明らかなように、運動は、「原因不明」の「原因」の部分に大きくアプローチできると感じました。

脳を鍛えるには、運動しかない……。

運動が得意な人ほど基礎能力が高いものです。運動が得意な人は、ほかのどんな活動もうまくいく可能性が高く、子どものときにいろいろな動作をマスターしながら脳を鍛えておくことで大きなアドバンテージになります。

将来どんな夢ができても全力で打ち込めるように準備するには、運動の経験は必要不可欠だと確信しました。

最新医学で実証！　それは脳幹の「原始反射」が原因だった

当時は不思議だった運動のパワー。それが「原始反射」によるものだと解明されたのは、現在、ＬＵＭＯの運動プログラムの監修をお願いしている本間龍介医師との出会いでした。

当時、私たちは、運動の秘めた力を教室の中で日々感じながらも、経験値だけではなく、医学的なエビデンス（根拠）がないだろうかと模索をしていました。

本間先生は、ご自身のクリニックで、発達障がいやグレーゾーンなどさまざまな子どもたちを診ている中で原始反射に出会い、子どもの気になる症状が改善していくことを実感されていました。

当初は子どもたちとその親御さんに自らレクチャーをしていましたが、だんだんクリニックが忙しくなるにつれ、レクチャーをする時間がなくなってきていたタイミングでした。

私を含め当時のジムトレーナーの面々には、柔道整復師や鍼灸《しんきゅう》師という医療に近い立場のスタッフが複数いました。そこで本間先生に、教室で行っているプログラムについてお伝えしました。すると、まさに私たちが行っていることは、「原始反射の統合（詳しくはPart1で紹介します）」につながっていることがわかったのです。

「私たちのやってきたことは間違っていなかった」

「経験則でやってきたことに、科学的な根拠があった」

これまで、なんとなく実感していたことがすとんと腑《ふ》に落ちて、まさに点と点がつながった感覚でした。

原始反射の統合は、運動で行うことができます。

原始反射はアメリカの研究で明らかになった、発育発達の鍵《かぎ》になる要素です。2020年以降、海外では原始反射が残存することによって引き起こされる症状が、運動を通して改善したという論文も出てきています。

いま、発達障がいかどうかにかかわらず、子どもが体を動かす機会は減っています。そこにきて、コロナ禍が拍車をかけました。子どもたちは室内に閉じ込められ、体を動かすことも、人と触れ合う機会も奪われてしまいました。

これはあくまでも私の主観ですが、発達障がいをはじめ、何か親が心配するような要素がある子どもたちは、原始反射を統合する機会が極めて少ないのではないかと想像されます。このような子どもには、常に親御さんや支援をする大人が近くにいるため、思いっきり動き回ったり、やんちゃをしたりできなくなっているのではないでしょうか。

現代はきょうだいも少なく、大事に大事に育てられているケースも多く見受けられます。もちろん、子どもに愛情をかけることは素晴らしいことですが、一方で子どもの頃に必要な刺激が失われているような気がします。

医学博士監修の日本初の原始反射に特化した運動プログラムの誕生

「原始反射」という原因が見えてきてから、本間先生のクリニックで行っていた体操も教えていただき、月に1~2回、私たちの取り組みについてアドバイスをもらいながらレクチャーを受け、話し合いを重ねていきました。

そして、発達障がいの子どもに対して極めて有効な運動プログラムが完成したのです。

この後、本書でご紹介していきますが、たとえば以下のような悩みには、原始反射がかかわっています。

●感覚過敏……音や光が気になる、洋服のタグが気になる、心配性、怖がり、癇癪《かんしゃく》など。

●コミュニケーション……発語が少ない、集団生活や友だちづくりが苦手、指示を聞くのが苦手、会話が一方通行など。

●学習……字がうまく書けない、音読が苦手、長時間座っていられない、授業についていけないなど。

●運動……運動の機会が少ない、運動が怖くて挑戦しない、縄跳びができない、水泳が苦手、体幹が弱いなど。

●日常生活……偏食、おねしょ、指しゃぶり、爪を噛む、乗り物酔いなど。

これらはみんな原始反射とかかわりがあり、運動でアプローチすることによって改善していきます。

何度でもお伝えしたいのですが、脳は運動で鍛えられます。

すべての行動は運動に分解することができます。運動をすることで、指先までコントロールできるボディバランスが身につきます。これは〝器用さ〟につながり、ひいては脳のアップデートになります。

運動をすることは「ビジョントレーニング」といって、目の動きにもつながり、音読や計算が得意になります。また、原始反射をととのえると、漢字や英単語などが覚えやすくなります。

運動は1つの動きだけでなく、マルチタスクそのもの。マルチタスクのトレーニングで、話しながら考えたり、聞きながら整理したりする能力を養うことができます。そして何より、運動によるアプローチは身体機能だけでなく、心にまで大きな影響を与えます。

運動を通して「できた喜び」や「できなかった悔しさ」に触れ、自分でやり抜く力をつけることができます。子どもたちには、チャレンジをどんどん楽しみ、自立していってほしいと願っています。

この方法で子どもの「光」を引き出してください

「LUMO」はエスペラント語で「光」という意味です。子どもたちに輝いていてほしいという願いを込めてつけました。

LUMOに来てくれている子どもたちだけではなく、この街に、この国に生まれた子どもたちがみんな、目が輝き、やりたいことを選べるような社会であればいいと思っているのです。

子どもたちは驚くくらいの速さで成長します。

たとえば先日、以前教えていた子どもに久しぶりに再会しました。当時、小学校低学年で、教室で10秒もじっとしていられなかった子です。落ち着かせようと目を閉じて一緒に瞑想《めいそう》をしていると、指でこっそり目をこじ開けて「まだ？　まだ？」と何度も聞くような、かわいらしい子でした。

私がその教室から離れ、数年後に教室でばったり会ったときのことです。「どう？　元気？」と聞くと、「うん、元気」と、照れながら挨拶《あいさつ》をしてくれたのですが、その声は「あれ？」と思うほど声変わりをしていました。大きくなったなと思って見ていると、自分よりも年下の子に「こうやるんだよ」と教えています。

あの、走り回っていた落ち着きのなかった子が、友だちと上手にかかわれなかった子が、グループの中でお兄ちゃん的存在になっていたのです。教室ではそんな姿があちらこちらで見られ、子どもの成長を喜ばしく思う毎日です。

子どもたちは可能性の塊《かたまり》です。一人ひとりには優れた特性や才能があるのに、表面に出ている困った行動や癖が、それを隠してしまいます。

しっかり閉じられているフタを外せば、きっとまばゆい光があふれてきます。子どもが思いのままに自分の輝きを放つ、そのお手伝いをしたいのです。

日々のニュースや世界情勢を見ると、どうしても闇に目が行ってしまいがちです。でも、光と闇は表裏一体。闇を感じるということは、どこかに必ず光があります。私たちがその光を見るようになったとき、人が人を差別したり、分断したり、人をさげすんだりすることはなくなる、と私は思っています。

どういうことかというと、教室に来る子どもたちの中には、ほかの子どもと比べられて自信をなくしている子が多いのです。

「ほかの子はできるのに、自分はできない」ということが日常生活の中にあまりにも多いため、いつしか自信をなくしていく。学校では、悪気なく「できる子」と「できない子」が分けられていく。そして「かわいそうな子」「ケアが必要な子」として扱われていきます。

でも、一人ひとりの中に必ず光はあるのです。

夏、真っ暗な川沿いで蛍《ほたる》を見つけたら、「あっ、蛍だ！」とテンションが上がりますよね。その光を見つけたいのです。

もちろん、それは家庭でもできます。ぜひ、本書で、お母さん、お父さんも一緒に子どもの「光」を引き出していきましょう。

松本　哲

目次

Part 1

なぜ、運動・遊びで「脳幹」を刺激すると、発達を引き出せるのか

Part 2

困りごと別　脳幹をととのえる運動&遊び

Part 3

親子でラクになった！発達トラブルが改善した感動の声

Column

カバー・本文イラスト…………成瀬瞳
本文デザイン・図版制作……岡崎理恵
動画制作……………………………子ども運動教室LUMO
編集協力……………………………樋口由夏

Part 1

なぜ、運動・遊びで「脳幹」を刺激すると、発達を引き出せるのか

「じっとできない」「集中できない」「姿勢が悪い」…その困りごとは、脳幹の原始反射が原因かもしれません

（解説：監修者　本間龍介）

「じっとしていることができない」「話を聞けない」「集中力が続かない」「姿勢が悪い」……いま悩んでいるお子さんの困りごと、それは子どもの性格のせいではなく、ましてや親のしつけや育て方のせいでもない可能性があります。そこには、「原始反射」がかかわっているかもしれないのです。

そもそも、原始反射とはどのようなものなのでしょうか。Ｐａｒｔ１では、ＬＵＭＯの運動プログラムを共同開発した本間龍介医師に解説していただきます。

人間の脳は、大脳、小脳、脳幹から成っています。原始反射は、大脳をささえる幹のような形をしている部分＝「脳幹《のうかん》」による反応だといわれています。

いわゆる反射とは、熱いものに触れたときに、無意識にパッと手を引っ込めるような反

「集中できない」「不安を感じやすい」のは、脳幹の原始反射が原因だった

音が気になって集中できない

不安を感じやすい

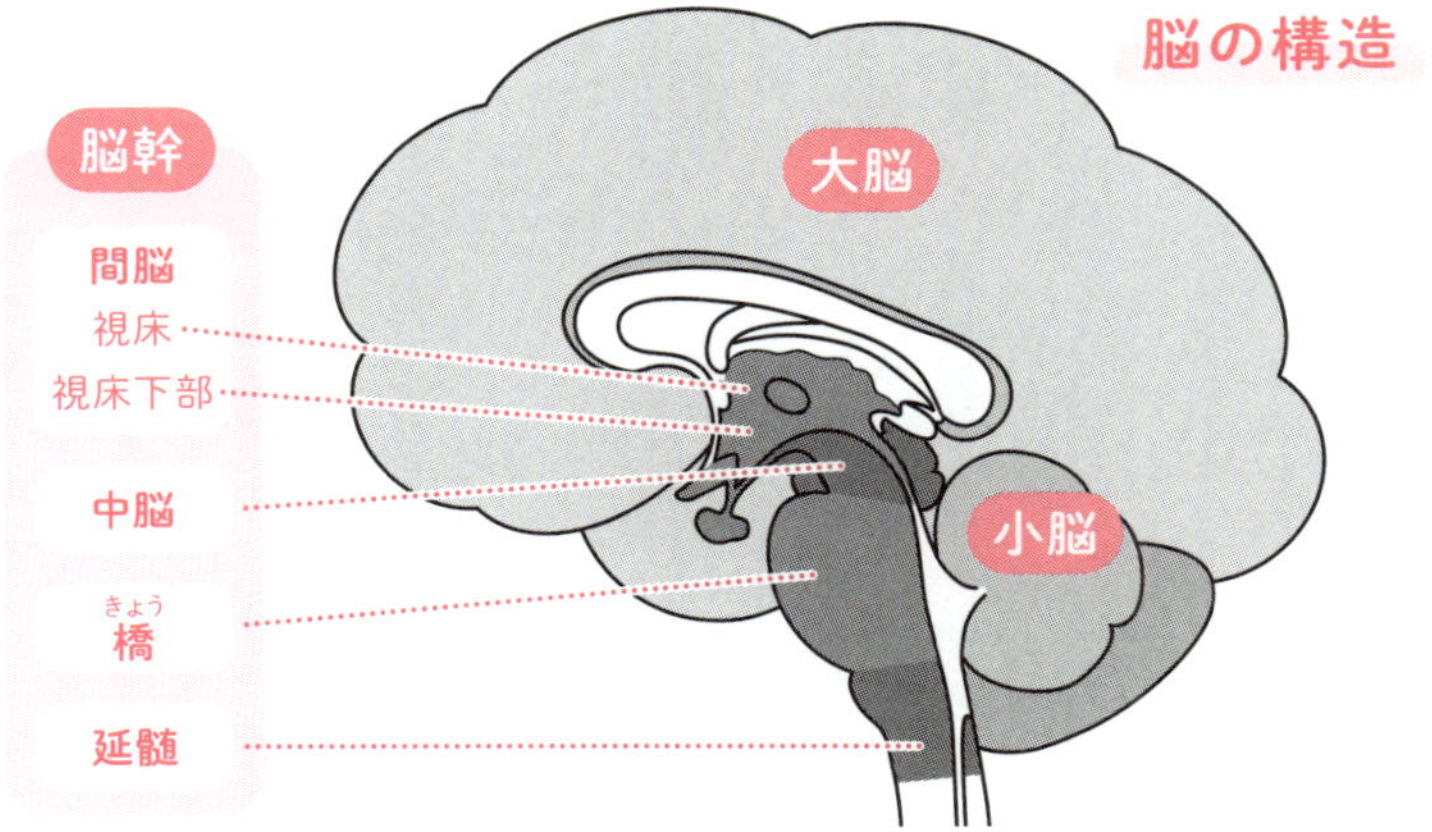

応のこと。反射は、身の危険をすばやく避けるための反応といえます。

その中でも原始反射は乳児期早期に見られる反射で、生まれたばかりの赤ちゃんが生き延びるためのもの。原始反射にはいくつか種類があり、個人差はあるものの、成長とともに運動機能が発達していくにつれて自然に消えていくものです。多くは生後数カ月から、遅くとも3歳頃までには消失するといわれています。

ところがいま、原始反射が残存している子どもが増えています。

たとえば、「大きな音や突然の光に過剰に反応してしまう」「うるさいところが苦手」という子どもは珍しくありません。

ドアをバタンと閉めただけでビクッとする、雷の音が苦手、運動会のピストルの音が怖くて逃げ出してしまう……。親から見ると、臆病な子、緊張しやすい子などと思ってしまいがちですが、実はこれらも原始反射の中の「モロー反射」の残存がかかわっている可能性があります。

つまり、過剰に反応してしまったり、怖がったりしてしまうのは、子どもの意志や性格ではなく、反射が起きているせいかもしれないのです。

本人の意志にかかわらずモロー反射が出て勝手に反応してしまうから、子どもはその対応に追われてしまいます。人の話を静かに聞いている場合ではありません。そのため、原始反射が出てくると、授業中の先生の話に集中できない、落ち着きがない、とされてしまうことがあるのです。

発達が気になる子のために、知っておきたい10の原始反射

「モロー反射」は、大きな音を立てたときなどに、赤ちゃんがビクッとして両手を広げて抱きつくような動きをする反射です。この反射が残っていると、音や光に敏感になる、緊張しやすい、不安感が強いなど、あらゆるストレスに弱くなることがあります。

そのほかにも、子どもの困った行動や癖と原始反射はかかわっています。その原因や解決策はPart2で詳しくご紹介しますが、ここでは、本書に登場する原始反射と、それが残存している場合にどんなことが起こるのか、いくつか例を挙げておきましょう。

- あごを上げると腕が伸びて脚が曲がる反射（**対称性緊張性頸反射《たいしょうせいきんちょうせいけいはんしゃ》・ＳＴＮＲ**）が残っている↓座る姿勢が悪くなる、黒板の板書が苦手。
- 脊椎《せきつい》の片側をなでると、刺激があったほうに肩や腰がくっついてしまう反射（**脊椎ガラント反射・スパイラルギャラント反射**）が残っている↓おねしょが長引く、集中力がない。
- 手のひらを刺激すると、ぎゅっと握る反射（**掌握《しょうあく》反射、または把握《はあく》反射ともいう・パーマリフレックス**）が残っている↓手先が不器用、鉛筆をうまく使えない。
- 赤ちゃんの口元を指でやさしくつつくと、おっぱいをさがすような動きをする反射（**探《たん》索《さく》反射・ルーティング反射**）が残っている↓偏食、滑舌《かつぜつ》が悪い、発語トラブルがある。
- 頭を左右のどちらかに向けると、同じ側の腕と脚が伸び、反対側の腕と脚が曲がる反射（**非対称性緊張性頸《ひたいしょうせいきんちょうせいけい》反射・ＡＴＮＲ**）が残っている↓字が上手に書けない、クロスする動き（テニス、ダンスなど）が不得意、計算ミスをしやすい。
- 頭を前に曲げると全身が前屈し、頭を後ろに反《そ》らすと全身が伸びる反射（**緊張性迷路《きんちょうせいめいろ》反射・ＴＬＲ**）が残っている↓乗り物酔いしやすい、黒板の板書が苦手、バランスが悪く転びやすい。

本書に登場する「原始反射」一覧

	反射的な動き	主な困りごと
モロー反射	突然の音や光に敏感に反応する	●緊張しやすく怖がり ●周りの音や光が気になって集中できない ●環境の変化に弱い ●イライラ ●癇癪《かんしゃく》 ●落ち着きがなく興奮状態になりやすい
STNR（対称性緊張性頸反射）	首を前に曲げると腕が曲がり足が伸び、首を後ろに反らすと腕が伸びて足が曲がる	●足を投げ出して座る（姿勢が悪い） ●黒板の板書・音読が苦手 ●水泳が苦手 ●縄跳びが苦手
脊椎ガラント反射	脊椎（腰・背中）の刺激で体が曲がる	●椅子に座っていられない ●集中力がない ●おねしょ ●ウエストがきつい服やベルトを嫌がる
掌握（把握）反射	手のひらを刺激するとぎゅっと握る	●手先が不器用 ●鉛筆や箸をうまく使えない ●ボール遊びが苦手
探索反射（ルーティング反射）	口まわりの刺激に敏感に反応する	●偏食 ●滑舌が悪い ●発語トラブル ●歯磨きを嫌がる
ATNR（非対称性緊張性頸反射）	頭の左右の向きに連動して腕と脚が伸びたり曲がったりする	●字を書くのが苦手 ●球技やダンス、水泳など、体をクロスする運動が不得意 ●動きがぎこちない ●計算ミスや文字の読み間違いが多い
TLR（緊張性迷路反射）	頭を前に曲げると前屈、後ろに反らすと全身が伸びる	●姿勢が悪い ●黒板の板書が苦手 ●乗り物酔いしやすい ●バランスが悪く転びやすい ●運動が苦手
バビンスキー反射	足裏の刺激で足の親指が反り他の指がパッと開く	●足が落ち着かない ●つま先歩きやかかと歩きをする ●靴や靴下をはかない ●芝生や砂場を嫌がる
吸啜《きゅうてつ》反射	口に入ってきたものに吸い付く	●おしゃぶり癖 ●ものを噛む癖
恐怖麻痺反射	恐怖を感じると動かなくなる	●ストレスに弱い ●一人でトイレに行けない

●足の裏の外側をこすると、足の親指が甲側に反り返る反射（**バビンスキー反射**）が残っている↓足が落ち着かない、かかと歩きやつま先歩きをする。

●ママの乳首など、口に入ってきたものを強く吸う反射（**吸啜《きゅうてつ》反射**）が残っている↓おしゃぶり癖、爪を噛む癖がある。

●恐怖を感じると動けなくなる反射（**恐怖麻痺《きょうふまひ》反射**）が残っている↓音や光に敏感、ストレスに弱い、失敗が怖い、うまくいかないと癇癪《かんしゃく》を起こす。

●また、原始反射が残っているお子さんは、**ビジョン（視覚）**がととのっていないことがあります。厳密には原始反射とは違いますが、原始反射をととのえながら、ビジョントレーニングをすることがあります。

目を動かすことで目の3つの神経、動眼《どうがん》神経、滑車《かっしゃ》神経、外転《がいてん》神経を刺激します。この神経の起点となっているのが脳幹にある中脳で、原始反射と起点が同じなのです。

ビジョントレーニングをすると中脳に刺激を与えることになり、原始反射の統合に有効だといえます。

原始反射と脳の関係

私たち人間が生きていく上でもっとも大切なのは、命を守ること、つまり、安全・安心であるかどうかです。命が脅かされている状況で食事をしたり、睡眠をとったり、運動をしたり、ましてや遊んだりすることはできません。

私たちが命の危険を感じたときにとる行動は、「戦う（fight《ファイト》）」「逃げる（flight《フライト》）」「固まる（freeze《フリーズ》）」のどれかです。これらの反応は、先ほど触れた「脳幹」が担っています。

脳幹は、呼吸や心拍、消化、体温調節など人間が生きるために欠かせない仕事をしています。

脳幹にはこのように、大脳の指令を待たずに生命維持に関与できる役割があります。それに対して大脳は人体の司令塔であり、より高次の機能を担っています。人間がものを考えたり記憶したり、感情のコントロールをしたりする働きは、大脳が行っています。

先ほど、原始反射は「脳幹」による反応だとお伝えしました。言いかえれば原始反射は、この脳幹によってコントロールされています。

脳幹は脳にとっては家でいうところの土台のようなもの。この土台がしっかりと育って初めて、大脳が育つのです。

原始反射が残っている子どもが多いということは、土台である「脳幹」がきちんと育っていないということです。そのため、あらゆる場面で、大脳の反応ではなく、生命を維持するための脳幹の反応のほうが優先されてしまいます。つまり、「戦う」「逃げる」「固まる」のいずれかの反応をしやすくなっている状態なのです。

原始反射が残っているということは、戦うべきではないとき、逃げなくてもいいとき、固まらなくてもいいときでさえも、そのような反応をしてしまうことを意味します。子どもたちが、いかに生きづらい状態にあるか、想像ができるのではないでしょうか。

では、なぜいま、原始反射が残っている子どもが増えているのでしょうか。

さまざまな理由が考えられますが、1つには生後発達期の神経系の問題が考えられます。

少し難しい話になりますが、出生直後、赤ちゃんの神経系において、過剰なシナプスの形成が起こります。シナプスとは神経細胞と神経細胞の接点であり、神経ネットワークの要《かなめ》となるものです。その後、環境や経験を重ね、成長とともに必要なシナプスが残り、不要なシナプスは消失します。この現象を「シナプスの刈り込み」といいます。大切なのは、どのシナプスが必要とされ、どのシナプスが不要とされるかのセレクトです。

ここからはあくまでも仮説になりますが、昔の子どもに比べて現代の子どもは、このセレクトがうまくいっていないのではないかと考えられます。なぜ、セレクトがうまくいっていないのか。その理由に、現代の子どもが「無駄な動き」をしなくなってきたことがあるのではないでしょうか。

どういうことかというと、昔の子どもは野山を駆け巡り、鬼ごっこをし、舗装されていないでこぼこの道を走り、大人からすると少々危険な遊びもたくさんして、全身をくまなく動かしていました。私（本間）も放課後、意味もなく自転車に乗ってウロウロ走り回っているような子どもでした（笑）。

それに比べて現代の子どもは外で遊んでいません。公園で子どもが遊ぶ姿を見ることも少なくなり、遊具は危険とされて取り除かれることも多くなりました。放課後は塾や習い事で忙しく、遊びといえば座ってゲームです。

このようにお伝えすると、「いえ、うちの子は運動をたくさんしています」「小さいときからサッカーをしています」「ダンス教室に通っています」などとおっしゃる親御さんもいるでしょう。実は、それも「無駄な動きをしていない」ことになるのです。

もちろん、運動やスポーツを否定しているわけではありませんが、意味もなく走ったり、鉄棒でぐるぐる回転し続けたり、毎日いろいろな場所で遊び回っていた昔と違い、きちんとプログラムが組まれ、決まった練習をして、ある程度決まった動きをする運動やスポーツ教室に通っていることが、無駄な動きをさせなくしているのです。これも、原始反射の統合を阻んでいる理由の1つになっているといったら、驚かれるでしょうか。

無駄な動きの中にこそ、原始反射を統合する要素がたくさんあったのに、いまは残念ながらその機会がぐっと減ってしまっているのです。

たとえば、私のクリニックの診察室に入った子どもたちは、椅子に座るとまず、くるくる回って遊びます。よく回る椅子が面白いのでしょう。これも原始反射の統合の1つです。

それさえ「じっとしていなさい」と叱られてしまったらできません。

そしてもう1つ、原始反射が残りやすくなっている理由があります。

それは「安心できる場所」が少なくなってしまったことです。

いま、唯一の安心できる場所は「家庭」といえるかもしれませんが、昔は街も安心できる場所でした。近所に知っているおじさん、おばさんがいて、どこで何をしても安心な空間があったのに、いまはどこに行っても「危ない」「遊ぶな」「犯罪に巻き込まれる」などの理由で、安心することができません。

恐怖や不安、緊張感がある環境で、原始反射は出やすくなります。


なお、本書では原始反射が「消失する」「消える」「なくなる」などの表現を用いますが、厳密には、原始反射は「統合する」というのが正しい表現になります。

というのは、原始反射は完全になくなってしまうということがないからです。命を守る危機的な状況になったときはもちろん、体調が悪いとき、ストレスが重なったときなどは、大人でも、統合したはずの原始反射が出てくることがあります。

「楽しく遊ぶ」ように自分で考えて行動する子が育つLUMOの秘密

いかがでしたか。本間医師の解説で、「うちの子、そういえば突然の音にビクッとなるからモロー反射が残っているのかなあ」「姿勢が悪いのは原始反射（STNR・TLRなど）だったの？」などと腑に落ちた方も多いのではないでしょうか。

原始反射が残っていることで、子どもの困った行動や癖が出てしまう。その原始反射がなくなれば、その行動や癖は出にくくなります。

たとえば、癇癪が強い子どもや、緊張しやすい子、怖がりな子には、原始反射の中でも肝といわれる、「モロー反射」が残っている場合がとても多いものです。

では、これをどうするか。逆にいえば、不安や緊張を感じにくくなればモロー反射は出にくくなります。それを遊びの中で体験していきます。

たとえばバランスボールの遊びで、モロー反射をととのえる動きをしていきます。そうすると、遊んでいるうちにモロー反射がととのい、結果、癇癪や緊張や怖がりが軽減するのです。

多くの親御さんは、わが子の困った行動や癖に悩んでいます。当然ですよね。でも、「癇癪や怖がりは性格ではなく、モロー反射が残っていたからだ」とわかれば、どうでしょう？気持ちが明るくなりますよね。同時に、子どももとてもラクになるはずです。

ただし、それが厳しいトレーニングのようなものになってしまったら、本末転倒です。子どもにとって楽しいと思えるものから始めましょう。

ＬＵＭＯでは子どもと一緒に目指すものを、ピラミッドの図にして表しています（41ページ）。

もっとも重要なのは「安全性」です。ケガをさせないといった身体的な安全性はもちろんですが、心理的な安全性も必要です。モロー反射が出ないように、安心感の中でできることがとても大切です。

「うちの子って、前転ができたの？」「えっ、後転までできてる！」

親御さんが教室を見学しているとき、マット運動で前転や後転をしているわが子を見てびっくりされることがよくあります。それは指導員と子どもが信頼関係を築き、安心・安全な環境をつくるように配慮しているからです。

モロー反射による不安が強いと、どうしても不安や恐怖から「できない」が起こります。子どもは本来、潜在的な力を秘めています。安心感があれば、その力を引き出すことは不可能ではありません。「家庭」という、子どもがもっともリラックスできる環境でお母さんやお父さんと一緒なら、子どもも安心して本来の力を発揮できるでしょう。

また、原始反射が残っている子どもは、目から入る刺激に敏感です。あちこちに気になるものがあると、集中できなくなってしまうこともあります。

教室では子どもの気が散らないように、できるだけ白い空間で必要以上に壁に張り紙なども掲示しないようにしています。

ご家庭では、白い空間をつくることは難しいにしても、テレビを消す、ゲームやスマホは目につかないところに置くなど、環境をととのえてから行いましょう。

子どもの「自立」を目指して

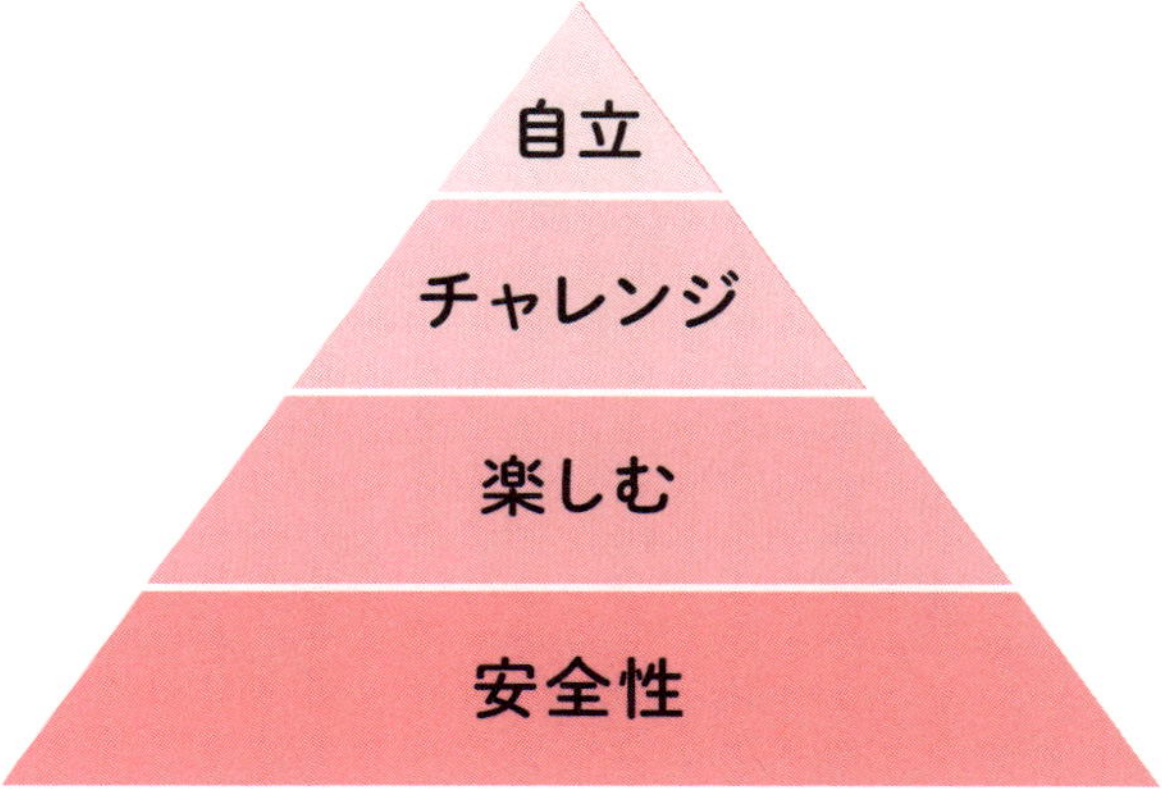

安全性の上にあるのが「楽しむ」ことです。原始反射を統合する動きは、トレーニングという名称がついていたとしても、厳しいものではありませんし、リハビリとも違います。

子どもが嫌がらないもの、楽しんでできるものを選ぶことが大切です。そうすれば、おのずと能動的になってきます。子どもがやる気になるものでなければ意味がありません。毎日の生活の中で、遊びのように取り入れていきましょう。

Ｐａｒｔ２では、「困った行動や癖」に対応して、効果的な動き（原始反射統合ワーク）を紹介していきますが、「うちの子には絶対、この運動・遊び（動き）をやらせたい」と思っても、子どもがやりたがらないものは無理にやらせないようにしましょう。

先ほども触れたように、原始反射はそれぞれが関連し合っているため、必ずしも「○○にはこの動き」といった1対1対応ではありません。1つの動きをきっかけに原始反射が統合されていく可能性も大いにあります。

親御さんに1つだけ覚えておいていただきたいことがあります。原始反射が残っていると、反射に近い動きをやりたがる子と、逆に反射に近い動きに敏感なためにその動きをやりたがらない子、その両方を持っている子がいます。

その動きをやりたがる子をseeker《シーカー》（求める人）、嫌がる子をavoider《アボイダー》（避ける人）と呼びます。原始反射を統合するためには、最終的にはseekerの動き、つまりその子がやりたがる動きをとことんやらせてあげることが重要です。

次が「チャレンジ」です。「安全性」にもつながりますが、安全・安心な環境で、子どもが失敗を恐れずチャレンジできるようにしてあげることも大切です。

これは教室ならではの話になりますが、子どもがちょっと頑張ればできるような〝余白〟

をつくってあげたり、難しいけど頑張ればできるようにサポートをしてあげたりすることも必要です。

そして、ピラミッドの最後、もっとも高いところに位置するのが「自立」です。これは文字通り、子どもが自ら考えて行動できるようにすることであり、最終目標です。自分で考えて、次にチャレンジする目標をつくるのも自立といえます。

たとえば教室では、なかなかみんなの中に参加できない子どももいます。すると、ある子が、「私が誘ってくる！」と言って、参加できない子に声をかけに行くことがあります。こうした行動を見ると、成長を感じます。これも「自立」の1つととらえています。

家庭では、ぜひ、親が強制的にやらせたり、義務にしたりしないで、子どもが自分からやりたがるように導いてあげましょう。まずは毎日の生活の中で負担なく楽しく続けられるものから取り入れてみてください。ＬＵＭＯでも、スモールステップをとても大切にしています。

少しずつ少しずつ、昨日よりも今日、ほんの少しでもできることが増えたり、前向きな発言が見られたり、笑顔が増えればＯＫ！ なのです。

実証データ
「神経発達症児童の原始反射と社会性発達の変化」について
（早稲田大学スポーツ科学学術院・広瀬統一教授との共同研究）

運動によって本当に原始反射を統合することができるのか、また運動面以外にも変化が見られるのか、これを研究した結果があります。

LUMOを運営している株式会社Gotoschoolは、早稲田大学スポーツ科学学術院・広瀬統一教授との共同研究を行いました。

この研究では、医師からASD（自閉症スペクトラム障害）とADHD（注意欠陥・多動性障害）と診断された子どもたちが3カ月の運動プログラムを受けることで、原始反射の残存度と、人に対する応答などの社会性がどのように変化するかを調べました。

ASDとADHDの子どもには、いくつかの項目で原始反射が高い割合で残存していることがわかっていて、その上で運動プログラムを実施したのです。

8歳から12歳の男女の子どもたち（合計28名）が対象で、週に1〜2回、1時間の運動を12週間続けました。運動の内容は、クマ歩きやバランスボールをはじめ、倒立、ブリッジなどのマット運動を中心に行いました。各種目において、習熟度に合わせて難易度は変更していました。

その結果、運動によってATNR（非対称性緊張性頸反射）や指対立（掌握反射）が、ASDの子どもにおいて改善しました。つまり、3カ月間の運動だけでも、原始反射の統合にある程度の影響を与える可能性が示されたのです。

また、ADHDの子どもたちには、社会性発達、特に精神面での変化が大きく見られました。そして、運動を始めた当初、社会性発達に課題のあった子どもほど、著しい変化が確認されました（子どものADHD症状の指標としてConners3《コナーズ・スリー》を適用）。

この研究結果から、運動が子どもたちの発達によい影響を与えること、さまざまな運動を継続的に行うことでADHDなどの症状が和らぐ可能性が示されました。

ただ、実際は、そのほかの原始反射も運動によって確実に統合するのか、そして精神面の変化も含めて、継続的に運動をすることで、この効果が持続するのかどうかはまだ研究の途上です。今後は、もっと長い期間や、ほかのグループ（定型児）との比較を行い、さらに詳しく調べる必要があります。

Part 2

困りごと別

脳幹をととのえる運動&遊び

その困りごと、実は子どもがいちばん困ってるんです

「すぐに癇癪を起こす」「落ち着きがなく座っていられない」「怖がりで一人でトイレやお風呂に入れない」「人見知りが強い」「こだわりが強い」「滑舌が悪い」「動きがぎこちない」「偏食が多い」などなど。

これらは、まわりから見ると問題行動であり、困った癖です。そのため、教室を訪ねてくるお母さん、お父さんの多くは、そんな子どもに対して、「困っています」と言います。いままでずっと頑張ってわが子に寄り添い続けてきたのですから、その気持ちもとてもよくわかります。

でも、**その困りごと、実はいちばん困っているのは子どもなのです。**

お兄ちゃんと弟のいわゆるグレーゾーンのきょうだいを連れて、見学に来られたお母さ

んがいました。自分ルールがあり、幼稚園でも小学校でも、友だちに注意をして回ってしまう、と悩んでいました。

公的機関にも相談しましたが、「まだ小さいですし、暴れるわけでもないから様子を見ていればいいいんじゃないですか」というようなことを言われ、ずっとモヤモヤした気持ちで過ごしていたそうです。

それでも幼稚園や小学校では注意ばかりされています。子どもを連れて公園に行っても、ほかの子とうまく遊べない、ブランコばかりしてほかの子に譲らない、すると、ほかのお母さんからの目線が気になる。自分がそばについていないと何をするかわからない。気も休まらないし、誰ともわかり合えない。お母さん自身、言いようのないしんどさを抱えていました。

ところが、子どもの問題行動の背景に原始反射があることがわかり、LUMOに通うようになると、小学校から「お母さん、何かされたんですか」と聞かれるくらい、子どもの様子が変わっていきました。そこからお母さん自身も勉強を重ねていくうちに、だんだんわかってくることが増えてきました。

それまではスーパーで、公園で、子どもを怒っているお母さんや、謝っているお母さんを見かけると、「私と同じ。そうなの、大変だよね」と思っていたけれど、いまでは、「お母さん、大変なのはわかるけど、実は子どもがいちばん困っているのよね」「あの子、原始反射が残っているだけやわ。だから、そこまで怒らんでもええのに」と思うようになったそうです。

発達障がいであろうとなかろうと、原始反射の残存は多かれ少なかれ見られます。そもそも、子どもは落ち着きがないものです。癇癪も起こしますし、大人を困らせることをたくさんしますよね。実は、子どもの状態がどうであるかは、そんなに大きな違いはないのではないでしょうか。

問題行動は本人の困りごと。子どもの行動の理由を、まずまわりの大人が「理解する」ことが大事。裏を返せば、子どもにとっては「理解してもらえる体験」が大事なのです。

この章では、まず「その困りごとが、なぜ起こるのか」の原因を解き明かし、その困りごとに関連する原始反射と、家庭でできるおすすめの遊びやトレーニング（運動療育《りょういく》）を

困った子は困っている子

紹介していきます。

ただ、先にも触れたように、「この困りごとにはこのトレーニング」といった1対1対応ではありません。1つの困りごとに複数の原始反射が関連し合っていたり、重なったりしている部分もあります。

また、お子さんの困りごととは関係なく行った遊びやトレーニングで、結果的に改善してしまった、またはまったく別の能力が開花した、などということもよくあるのです。

① 感覚過敏

感覚過敏と原始反射

「モロー反射」は、すべての原始反射のベースになっている反射です。

先にも触れましたが、赤ちゃんは、まわりで大きな音がしたときなどにビクッとして、両手を広げて抱きつくような動きをします。これがモロー反射です。

この反射は脳幹の中の「中脳」が影響しているといわれており、目や耳からの情報に反応しています。だから大きな音や光に反応するのです。諸説ありますが、生後4カ月頃に消失するといわれています。

モロー反射は音、光、痛みなどの感覚刺激によって誘発されることが多いため、突然の物音や光、視野に急に動くものが見える、横切ること、また、痛みやにおいなどにも敏感になります。これらのものに反応してしまうのは、臆病や怖がりだからではなく、ただの反射なのです。

目や耳などからくる情報を過剰に受け止めてしまうため、集中力が低下しやすくなります。たとえば授業中に友だちがちょっと動いただけでも気になって、先生のほうを見ることができなかったり、話を聞くことができなくなったりすることもあります。

モロー反射が残っている子は、このような感覚からの刺激に敏感なため、常にストレスにさらされ続けている状態なのです。モロー反射が残っていると、子どもの場合はとくに不安になりやすい傾向があります。そのため、何か新しいことに挑戦しようとしても怖がったり、緊張したりしてしまうこともあります。

モロー反射が残っている場合は、どうすればいいのでしょうか。

モロー反射で赤ちゃんがするような動きをあえて行うことや、ちょっとだけ〝怖い〟と感じる動きをすることがトレーニングになります。

たとえば、体を広げて縮める動作を繰り返す、バランスボールに座って両手両足を広げて上半身を後ろに倒す、など（慣れるまでは必ず大人が後ろで補助をしてあげましょう）。
親子でできるおすすめの運動は、親子ゆりかごや親子飛行機など（55ページ参照）です。

遊び感覚で楽しく行うのが基本ですが、モロー反射が残っているお子さんは、体を広げる動作や動きそのものに恐怖を感じることがあります。慣れるまでは大人と一緒に楽しく行えるものを選びましょう。

原始反射はいくつも同時に残存していることがほとんどで、それぞれの反射は関連し合っています。でも、そのベースに「モロー反射」があるため、**モロー反射が統合されると、ドミノ倒しのようにほかの反射が消えていくことはよくあります。**

すると、急に水泳がうまくなる、縄跳びの二重跳びや交差跳びができるようになる、授業に集中できるようになるなど急成長が見られることもあります。

「ほかのお子さんよりも〝何かができるようになる〟時期は遅かったけれど、できるようになると、ほかの子よりももっとレベルの高いことが一気にできるようになった」

という話を聞くこともあるのです。

＼挑戦を怖がるのはモロー反射が残っているから！／

親子の遊びで感覚過敏を改善！

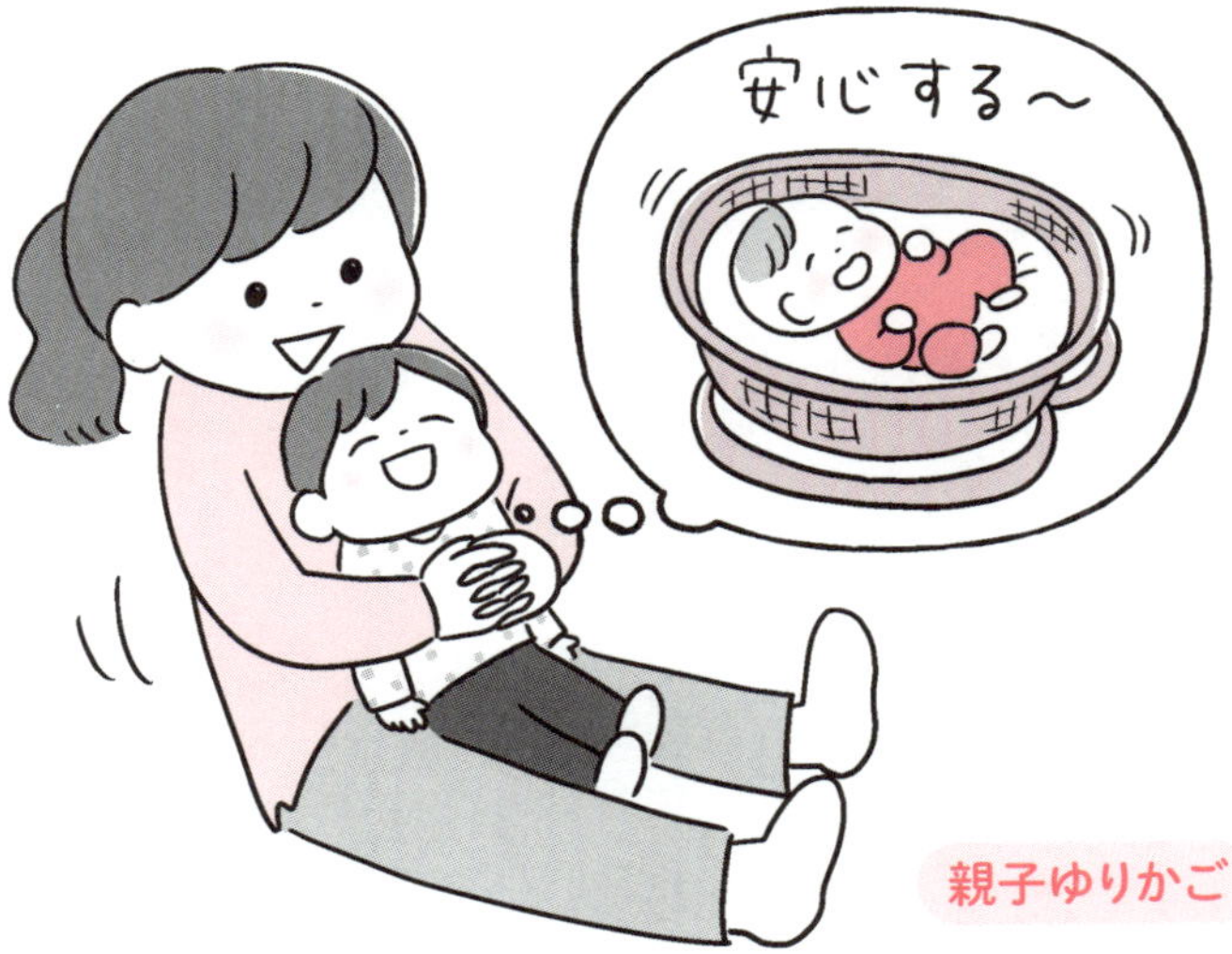

親子ゆりかご

親子飛行機

緊張しやすい、怖がり、すぐ泣く

どこに行っても緊張しやすい、怖がりで一人でトイレやお風呂に入れない。すぐに泣いてしまう、いわゆる泣き虫で困っている……。

実は、これもすべてモロー反射がかかわっているのかもしれません。

モロー反射が残存している子は、環境の変化に弱いものです。それもそのはず、新しい環境では常に「何が起こるかわからない」といった不安や恐怖がベースにあるからです。

暗闇が怖いのも、トイレやお風呂に一人で入れないのも、基本的には同じ理由です。

ＬＵＭＯの教室でも、泣いてしまう子どもがいます。理由は大きく2つあって、1つはお母さんなどと離れてしまうこと。いわゆる母子分離不安です。でもこれは教室で楽しく過ごすうちになくなりますし、ご家庭で運動をする場合は関係ないことですよね。

もう1つの理由は、「痛み」です。どういうことかというと、先にお伝えしたように、原始反射（とくにモロー反射）が残っている子どもは、感覚過敏になるため、痛覚が鋭いことが多く、ちょっと当たっただけでも過剰に反応して「痛い！」と泣いてしまうことがあるのです。

緊張感が強いと痛覚も鋭くなります。

ストレスが高くなると、緊張して交感神経が優位になります。そもそも、モロー反射が起こることそのものがストレスなので、モロー反射が起こるとより過敏になるという悪循環に陥ります。すると、痛みの閾値《いきち》は下がります。要は、すぐに痛みに反応しやすくなるのです。

それだけでなく、実際は痛くなくても「痛み」の記憶があれば、それだけで痛みを感じてしまいます。触っていないのに「痛い！」という子どももいます。

よく、予防注射をするとき、怖がって泣く子がいますが、注射を打つ前から「痛い」と言って泣いている子もいますね。それはかつて注射が痛かった記憶からきている場合もありますし、「痛い」と思って体が緊張してこわばるから、いざ注射をしたときに、本当に痛みも感じやすくなるのです。

ですから、緊張しいで怖がりで泣き虫なお子さんを叱ったり、我慢を強いたりしてもあまり意味はありません。

それよりも**「何があっても大丈夫」という安心感の中で、モロー反射をとる動きをしましょう。**モロー反射をとるには、その反射と同じ動きをするのが基本です。具体的には「両手を広げて、あおむけになる」動作が入ったものがおすすめです。遊び感覚で楽しく行いましょう。

癇癪《かんしゃく》

教室には、子どもの癇癪に悩んでいる親御さんも多く訪れます。

ひと口に癇癪といってもいろいろなケースがあります。嫌なことがあったとき、思い通りにならないときに癇癪を起こす子どももいますが、むしろ保育園・幼稚園・学校ではいわゆる〝いい子〟なのに、家ではすぐに癇癪を起こすという子どものご相談を受けることのほうが多い印象があります。

家で癇癪を起こしてしまうのは、それだけ学校など外で緊張しているからです。子ども自身、外では精いっぱい頑張って頑張って、我慢してストレスがたまり、安心できる家で癇癪となって爆発してしまうのでしょう。

もちろん、小学生以上になれば、自分でコントロールできる部分もあります。それでも、見えない部分で頑張って、ストレスを感じているのだと思います。

「Ｐａｒｔ１」で、命の危険を感じたときにとる行動は、「戦う（fight）」「逃げる（flight）」「固まる（freeze）」のどれかだという話がありましたが、癇癪は、まさに「戦い（fight）」なのです。

子どもなりの危険に対する反応が癇癪だとすれば、安心させてあげるしかありません。それをしないで、お母さんやお父さんが「なんですぐに怒るの！」などと責めてしまったら、安心するどころか敵対してしまいます。

もちろん癇癪を起こしているときに、安心させてあげるなどという余裕はないでしょうし、きれいごとに聞こえるかもしれません。でも、「ここは安心な場所だよ」「私を信じていいよ」という姿勢を、癇癪を起こしていない毎日の生活の中で示していくことです。日常生活の中でそういう接し方、あり方を見せていきましょう。

その上で、〝思い通りにできない〟でためているストレスを、体を動かすことによって発散させ、原始反射（とくにモロー反射）をととのえていく動きをしていきましょう。

モロー反射をとるには、体を広げたり、後ろに倒れたりする動きをします。

いくら後ろに支えてくれる人がいても、大人だって後ろに倒れるのは怖いですよね。前項の「緊張しやすい、怖がり、すぐ泣く」にも通じますが、この「後ろに倒れるのが怖い」という気持ちと、新しい環境や人とのかかわりにストレスを感じやすいことは、とても関係が深いのです。この動きを繰り返すことで、ストレスに強くなっていきましょう。

集中力が続かない

飽《あ》きっぽい、じっと座っていられずに、すぐに動き始めてしまう、気が散って集中力が続かない……就学前まではそれでもなんとか過ごしてきたけれど、学習が始まる小学校以降はとくに、集中力が続かないと困ってしまいますね。集中力が必要なのは、授業中など勉強だけではありません。私たちは生活の中で、何をするにもある程度の集中力が必要です。

集中力が続かない理由もさまざまあります。とくにモロー反射が残っていて感覚過敏がある子どもは、光や音、におい、触った感覚など、すべてに敏感です。普通なら何も気にならないような太陽の光や友だちの声、洋服のタグなどが気になって集中できなくなってしまうこともあるのです。

ＬＵＭＯでもなるべく気が散らないように、壁の張り紙は最低限にして、最初の体験教室以外は親御さんの見学も遠慮していただいています。普通の運動教室に比べたら殺風景かもしれませんが、それは子どもたちの集中力をキープするため。ご家庭でも集中してほしいときは、感覚を刺激しないように、できるだけ配慮してあげましょう。

注意力や集中力が欠けやすい子には、あおむけになってボールをつかむ遊びがおすすめです。体を開くことでモロー反射がとれやすく、ボールがあることによって、その動作に集中しやすくなる効果が期待できます。

落ち着きがなく走る

前項ともつながりますが、落ち着きがなく部屋を走り回ってしまう子、ＬＵＭＯでも多いです。

思いっきり走らせて発散させてあげることはとても大事なのですが、こういう子どもは交感神経が高まっていて「興奮モード」になっていることが原因の１つです。

交感神経が優位になっているということは、常に緊張している状態であるともいえ、これもモロー反射が背景にあります。

こんなときは、**副交感神経を高めてリラックスさせてあげることでバランスをとる動きをしましょう。体を広げる「背面飛行機」（67ページ）は子どもたちが大好きな運動で、副交感神経を優位にします。**

家族のコミュニケーションの一環としてぜひやってみてください。

こだわりが強く自分ルールが多い

「注意魔」の子どもは珍しくありません。

自閉症の子どもにとくに多いのですが、秩序が整っていないと嫌なのです。その子なりの「自分ルール」があって、まわりに注意をしてしまう、教室をパトロールして回ってしまうのです。

LUMOでも遊びの中でルールが変わると許容できず、「こうしてほしい」という主張が強くなる子もいます。自分が勝てるルールを押しつけようとして、「そうじゃないとやらない」ということもあります。そうなると当然、ほかの友だちともトラブルになってしまいます。

小学校1年生のBくんもその一人。自分ルールを伝えるだけならいいのですが、どうしても静かに伝えることができず、友だちに近づいて引っ張るなど、少々乱暴なところもありました。

小学校でも変わらなかったようで、お母さんは小学校の先生から入学早々、「友だちとトラブルになることがあって困っている」と連絡を受けて悩まれていました。

そんな中、Bくんは5月からLUMOに通うようになりました。すると3カ月後、夏休みが明ける頃にはBくんの注意癖はすっかり消えていました。小学校でも同様だったようで、お母さんはうれしそうに、「担任の先生から『何があったんですか』と電話がありました」とおっしゃっていました。

子どもが「自分ルールを守りたい。それに従ってほしい」と思う根底にあるのは、自分が安心できる環境をつくりたいから。すべては不安からきている行動なのです。これも、モロー反射がかかわっています。

安心させるためには声かけも大切です。

たとえば、注意魔のBくんの場合、指導員は「すぐに気づいてくれてありがとう」と、まず感謝を伝えます。その上で、「でも、先生がちゃんと見ているから（注意をしなくても）大丈夫だよ」と言いました。すると、だんだん注意をしなくなってきたのです。

お母さんは「指導員の先生が息子の気持ちをわかってくれたから、ホッとできたんだと思います」とおっしゃっていました。

安心できて初めて、運動に集中できます。Bくんは教室で一気に運動のレベルが上がっていきました。

安心や自信がついたことも、こだわりの強さを和らげた一因だったのかもしれません。

音が気になる

繰り返しになりますが、原始反射の中でもモロー反射が残っている子どもはとくに、光や音に対する感覚過敏があります。

原始反射は、脳幹がコントロールしています。あらゆる刺激からくる情報を処理しているのが脳幹です。

原始反射が残っているということは、その刺激が音であろうが光であろうが、触覚であろうが、その「情報」を選別して処理することができない状態なのです。

原始反射が統合されている人からすればなんでもない刺激に対して、まるで「生命の危機」であるかのように反応してしまうのです。

LUMOでは、エアコンの音でさえ気になって、指導員の話が聞けない子もいます。同じことが学校で起これば、先生の話を聞くことができなくなりますよね。

子どもたちは通常、大切な話は優先的に聞くことができます。授業中、エアコンの音がしていても、運動場でほかの児童が遊ぶ声がしていても、先生の話を優先して聞くことができます。

でも、音に過敏がある子は、情報があらゆるところから入ってくるため、エアコンの音と先生の話を同じレベルのものとして聞いてしまうのです。

光が気になる視覚過敏も、においが気になる嗅覚過敏も同じですが、**モロー反射をとることによって緊張感がほぐれてくると、過敏性も和らいできます。結果的に集中力もアップするでしょう。**

感覚過敏の子におすすめ！ 運動&遊び動画

緊張しやすい子におすすめ

おすし体操

バランスボール後転

癇癪《かんしゃく》が起こりやすい子におすすめ

スタンディングブリッジ

※スタンディングブリッジは難度が高いので、巻末の付録の「モロー反射を統合する運動&遊び」の中からお子さまに無理のないワークを試し、少しずつレベルを上げていきましょう。

集中力が続かない子におすすめ

ヒトデ遊び

落ち着きがなく興奮状態になりやすい子におすすめ

背面飛行機

こだわりが強い子におすすめ

ごろりんボールキャッチ

音や光に過敏な子におすすめ

仰向けごろん

いろんなブリッジ

②コミュニケーション（自己表現）

コミュニケーショントラブルと原始反射

コミュニケーションの問題というと、上手にしゃべれない、滑舌が悪い、言葉が出ないといったトラブルがその代表的なものです。これらには、口まわりの反射がかかわっているのは想像できると思いますが、実はそれだけではありません。

原始反射の中のATNRもコミュニケーションにかかわってきます。ATNRとは前にも触れた通り、非対称性緊張性頸反射といって、頭を左右どちらかに向けると、向けた側の手足がまっすぐ伸びて、反対側の手足は内側に曲がってしまう反射です。

これが残っている子どもは、空間把握が苦手なので人との距離感がとりにくく、距離がとても近かったりします。

教室で走っていると、指導員にぶつかってくることもあります。明らかにぶつかっているのに、本人はまったく気づかないこともよくあるので、子どもにわかるように伝え、認識させてあげる必要もあります。

物理的な距離だけでなく、コミュニケーションにおいても、人との距離が近い、つまり、人に対する警戒心があまりない子も多いのです。警戒心がないと、結果的に、物理的な距離も近くなります。

たとえば、初めて会った指導員に対しても、「あれ、前に会ったことあったっけ?」というくらい、とてもオープンです。オープンなのは悪いことではありませんが、距離が近いことによってトラブルが起こることもあります。

コミュニケーションには、原始反射のベースであるモロー反射も深くかかわっています。モロー反射が残っているために緊張と不安が強く、母子分離ができない、ほかの人への不安からコミュニケーションがとれないこともよくあります。

警戒心がなくオープンな子もいれば、母子分離ができず不安な子や人見知りする子もいる。一見すると矛盾しているようですが、原始反射が何に対して表れるかは一人ひとり違います。指導員に対して警戒心がない子は、「大人のほうが安心」と思っている子だったりします。とくに複数の子どもがいる教室の中では、指導員や先生などの大人は、まるでお母さん、お父さんのように自分を守ってくれる存在と映るのでしょう。

また、感覚過敏がコミュニケーションに影響する例もあります。

「耳まわりを触ってほしくない」という子がいて、髪をカットするのも大変。耳かきもさせてくれないので、耳垢がたまっていました。耳を塞《ふさ》いでしまうほどたまっているので、指導員の指示が聞こえないことがありました。耳鼻科に連れて行ったところ、耳垢《あか》がカチカチになっていたそうです。その子は発語も遅かったので、おそらくよく聞こえていなかったのでしょう。耳垢をとって聞こえるようになってからは、発語が追いついてきました。

なお、口まわりの反射は手の反射（掌握反射）ともつながっています。手がちゃんと使えていない子は、発語が遅れるなど、関係が深いといわれています。

こんな「困った行動」にはわけがある
言葉ではなく手が出てしまう

言葉ではなくつい手が出てしまうのも、反射のせいかもしれません。怖い、不安、緊張を感じたとき、原始反射の中の反応の1つ、「戦う（fight）」が起き、「生命の危機」を感じて、無意識に手が出てしまうこともあります。

先ほどもお伝えしたように、空間把握が苦手なATNRが残っていることによる〝距離感が近い〟お子さんの場合、距離が近いことで、パッと手が出て押してしまうこともあります。これもモロー反射が出てしまったため、といえるでしょう。

同時に、力加減がわからないこともよくあります。トントンと軽くたたいているつもりが、ドンドンと強くなってしまうのです。

力加減がわからない例は、LUMOの教室でもよくあります。教室で上手にできたとき、指導員と子どもがハイタッチすることがありますが、力加減がわからない子とのハイタッチは「バチーン！」と当たって手が痛いのです（笑）。

テンションが上がって強くなってしまうのではなく、いつもいつもハイタッチが強い子がいます。

そういうときは、「ちょっと痛いから、このくらいでしてほしいな」と、実際にやってみせながら教えています。大切なのは、大人であっても、痛いときは「痛かった」と伝えることです。

「子どもだから仕方ない」とやさしさから注意しない人もいるかもしれませんが、こういうことをされたら大人でも痛いんだとか、悲しい気持ちになったとか、痛みや感情はその都度、伝えてあげましょう。

どう感じたかを伝え合うコミュニケーションが大切なのです。うまくできたら、「いいね！」とポジティブな言葉で返します。

口元の探索反射が残っていると言葉の表現が上手にできないこともあります。

自分への注意の向け方がわからず、「自分を見てほしい」「一緒に遊びたい」などの気持

言葉より先に手が出るワケ

グーパージャンプ

**怒って物を投げてしまう子におすすめ！
運動&遊び動画**

ちを言葉で表現できず、手が出てしまうこともあります。

スケジュールの変更や勝ち負けなど、環境の変化に過敏に反応した結果、言葉が出ないためにイライラして癇癪を起こしてしまうことも。

Cくんは幼稚園のすべり台で遊んでいるとき、友だちがすべろうとしていると思い、いきなり後ろから押してしまいました。またあるときは、友だちがブランコに座った瞬間に「押して」と言われていないのに「押さなくちゃ」と後ろから押してしまいました。友だちがびっくりして泣いていても、顔が見えないために楽しんでいるのかな、と思ってやり続けてしまったそうです。先生があわててやってきて、「どうしたの？」と聞かれると、今度はCくんがびっくりして、モロー反射が出て固まってしまい……。

Cくんにはまったく悪気はありませんでしたが、「押してあげようか？」という一言が出なかったがために、友だちを泣かせ、先生も困らせてしまうことになりました。

探索反射をとる動きについては、次の項目で紹介します。

言葉（発語）の遅れ、滑舌が悪い

発語の遅れや滑舌の悪さに悩んでいるお母さん、お父さんも多いのではないでしょうか。「小さいうちは、たどたどしいしゃべり方がかわいかったのが、どうもそういうわけではないらしい」「どうやらほかの子と比べて遅れているようだ」。子どもが成長するにつれ、お母さんやお父さんは不安になるようですが、そのタイミングとして多いのが保育園や幼稚園の入園時です。

発語がないと友だちとも関係性が築きにくいですし、園の先生からも指摘され、公的機関を訪ねたり、病院に行ったりするけれども、なかなか思うようにならない。結局どうすればいいかわからず、悩みを深めて、ＬＵＭＯを訪ねて来られる方もいます。

先ほども触れましたが、発語ができない＝自分の思いが届けられないことになり、癇癪を起こすという声も、よく聞きます。

発語や滑舌には、口まわりの反射（探索反射、吸啜反射。30・32ページ参照）がかかわっています。

口まわりの刺激が足りないため、風船をふくらますことができない子も多いです。同じ理由で、浮き輪に空気を入れられない、風船ガムで風船をつくれない、口笛を吹けない子も。

そもそも、子どもにとって風船をふくらませるのはハードルが高いので、LUMOではでき上がった風船を口で吹いて飛ばしながら移動する遊びをしています。

小学校1年生のDくんがお母さんに連れられてLUMOに来たときは、発語がほとんどありませんでした。喉《のど》をふるわせることさえなく、発語以前に発声もほとんどなく、小学校では特別支援学級に通っていました。お母さんはあきらめて、手話をなさったりもしていました。自閉症があったため、決まった遊びしかしなかったDくんは、感覚トレーニングにもいいと医師から運動をすすめられて、LUMOに来たのです。

週2回通ううちに、言葉こそ出ないものの、少しずつ成長が見られ始めました。お母さんも「焦らなくていいんだ」「いつかしゃべる」と気楽に構えるようになってきました。手話を覚え、筆談をしてコミュニケーションをとるようになると、Dくんのほう

「吹く」遊びは言葉を発する口まわりの発達を促す

ティッシュフーフー

風船フーフー

あいうべ体操

発語トラブルの子におすすめ！
運動&遊び動画

も、一気に文字が書けるようになっていきました。

7カ月ほどたったときのことです。家にいると「はい」というかすかな声が聞こえました。お母さんはとっさに誰がしゃべったのかわからず、あたりを見回してしまったそうです。そうすると、もう一度、か細く「はーい」という声が聞こえたのです。それが、Dくんが初めて発語した瞬間でした。

通い始めて2年、小学校3年生になったDくんは現在、特別支援学級でもみんなを見守るお兄ちゃん的な存在に。LUMOにも元気に通っています。以前はよく見られた癇癪も落ち着きました。まだ発語は多くありませんが、お母さん、お父さんや指導員など安心できる環境で、親しい人とは言葉以外のコミュニケーションがとれている状態です。

発語がない、滑舌が悪いお子さんは、全身を使った運動をしつつも、とにかく舌を動かす体操をするのがおすすめです。

舌の体操を嫌がる子どもの場合は、まずお母さんお父さんが口まわりやほっぺをさすってあげるようにしましょう。ただし、なかには、口まわりを触られるのを嫌がる子もいるので、少しずつステップアップしていくことを忘れずに。

環境の変化に弱い、人見知り・場所見知りをする、母親と離れられない

とくにモロー反射が残っている子どもは、不安が強く、緊張しやすいため、環境の変化にとても弱い傾向があるとご紹介しました。入園、入学、新学期や引越しなど、新しい場所や新しい人に対して人見知り・場所見知りをすることも多いでしょう。

モロー反射が残っていると光や音などに対する感覚過敏がありますが、これと同じように、新しい人やもの、場所に対しても、〝刺激〟として体が受け取ってしまうことがあるのです。そのため、どんなことに対しても最初は恐怖を感じやすくなってしまいます。

たとえば、行ったことのない場所や初めての習い事などに行きたがらない子に、親はつい、「大丈夫だから行ってみようよ！」などと励まして連れて行きがちです。

でも、原始反射が残っている子どもは、「失敗するかもしれない」「できないかもしれない」「何があるかわからない」とすべてが不安なのです。どんなに言葉で伝えられても、いい方向に想像することは難しい。要は、見通しが立たないことに対する不安感が強いのです。

励ましたり元気づけたりして動かそうとするより、先の見通しをできるだけわかりやすく説明してあげると、子どもは安心します。

教室で運動をするときも同じです。いままでやったことがないものにトライするのは、誰だって怖いものです。たとえばマット運動なら、どういう工程があるか、細かく細かく分けてスモールステップで行います。

行ったことのないお店に絶対に行かない子どもがいました。その際も、お母さんはどんな場所にあって、家からどのくらいの距離で、交通手段や、どんなものが売られていてどのくらい混んでいるかを細かく伝えるようにしていたそうです。

学校に入学するときや、急に予定が変わってしまったときも同様に、子どもが不安にならないように、どんな場所でどういう人がいて、どんな状況なのか、見通しが立つように教えてあげてください。それでも嫌がる子どももいますが、親御さんが伝えたことと実際に行った場所の説明が噛み合っていれば、少なくとも、説明してくれる人（ここでは親）との信頼関係は築けるので、次の安心材料になります。

よく、子どもをだますような形で「大丈夫。あそこにはゲームがあって楽しいよ」などと親が励まして子どもを行かせがちですが、行ってみたら「思っていたところと違っていた！」では、子どもはもう、その場所にも行きたがらないし、親を信頼できなくなってしまいます。

家庭では、親子でたくさんコミュニケーションやスキンシップをして、子どもを安心させてあげることが大切です。

子どもは心から安心できると、外に出て行きます。よく、母子分離ができなくて登園・登校が困難な子がいますが、あえて母子分離中のトレーニングだと言って距離をとるのは逆効果で、いかに家庭で安心させてあげられるか、なのです。

ＬＵＭＯでも、最初はお母さん、お父さんと離れて教室に来るのに不安が強かった子どもが、指導員との信頼関係を築き、安心できる環境の中で楽しく過ごしているうちに、帰りにはニコニコと笑顔になっています（笑）。週1回からのスタートでも、だいたい1カ月あれば、母子分離はできます。

恐怖を感じると体が緊張してぐっと力が入ったり、丸めたりすることがあるため、体が硬くなっている子もいます。お母さん、お父さんと一緒に安心できる環境の中で体を思いきり広げられるトレーニングをするといいでしょう。

反抗的だったり、あまのじゃくだったりする子どもも、モロー反射が残っているケースがよくあります。

「いやだ、嫌い、やらない」が口癖のEくんという5歳の男の子がいました。教室でもそうやって何も挑戦しようとしません。それをお母さんはあまのじゃくだと思っていました。

そこで指導員は、「Eくん、もったいないなあ。やってみないとわからないのに。うまくいくチャンスだよ」と。指導員が言葉かけでEくんを安心させようとしていることを知ったお母さんは、ハッとしました。家庭では、否定的な言葉をよく使っていたかもしれない……。そこから、お父さんとも話し、家族が団結して言葉かけを変えました。

たとえば、「走らない!」ではなく「歩いて」に。「ダメ!」ではなくて「どうしてそういうふうにやろうと思ったの?」と気持ちを聞くように。

するとEくんのあまのじゃくは消え、何にでも意欲的になりました。年中さんのときは怖がって小さくなっていた学芸会にも、年長さんでは自分から積極的に参加するようになりました。

「励ます」より「安心させる」

環境の変化に
弱い子におすすめ！
運動&遊び動画

逆さま抱っこ　ブリッジ足上げ　リュックサック

ＬＵＭＯでも、どう感じたのか、感情を言語化するようにしています。泣いてしまったら「悲しいの？」「悲しいね」「うれしいね」「しんどかったね」というように。

発語が遅い子にもつながりますが、感情を表現することが難しいためにイライラして癇癪を起こしたり、あまのじゃくになったり、不安になったりすることがあります。子どもに目線を合わせて、子どもの感情を引き出す、くみ取る力が重要なのです。これは、ご家庭でもとても大切なスキルだと思います。

たとえば友だちが一生懸命つくった積み木を崩してしまい、友だちを突き飛ばして泣いてしまったとき。「こういうことされたら、友だちはどうだったと思う？」「痛かったと思う」「そうだよね。積み木を崩されたら、痛いだけじゃなくて、どう思う？」「……」「友だちは悲しいと思う？　悲しくないと思う？」「悲しいと思う」「悲しいよね。でも○○ちゃんも一緒につくりたかったんだね」といったように言葉をかけます。

なかなかうまく言葉にできないお子さんには、このように「悲しい？　悲しくない？」「痛い？　痛くない？」など2択にして話すこともあります。

③ 学習

学習トラブルと原始反射

原始反射が残っていると、学習のつまずきにもつながります。LUMOに体験でいらっしゃる親御さんからのご相談でも、学習の悩みはとても多いものです。そもそも、これまでもお伝えしたように、集中力が続きにくく、気が散りやすいため、先生の話を落ち着いて聞くことができません。

また、**ものを握る反射である掌握反射（把握反射）が残っていると、手先が不器用なため、鉛筆をうまく使えず、文字を書くのが苦手になる、筆圧が強すぎる、または弱すぎるお子さんもいます。**力の入れ具合がわからないため、筆圧をコントロールできず、字のバランスが悪くなる子が多いのも特徴です。漢字の「うかんむり」を書かせるとやたら大きくなってしまったり、「へん」と「つくり」のバランスが悪くなってしまったり。

もちろん、掌握反射が残っていても字は書けます。でも、ひらがななどに見られる曲線は、初めて字を書く子どもにとって難しいものです。掌握反射が残っていればなおさら微妙な線を書くのは難しく、力まかせに書いたり、腕全体を使って書いてしまったりします。そのため、筆圧が強くなったり、マスから字がはみ出てしまったりします。

原始反射が残っていると、ダイレクトに学習に影響しやすいのです。

教室では両手両足をついて歩く「クマさん歩き」をよくするのですが、掌握反射が残っていると、両手両足をつくときに手のひらを広げて床につくことができず、指を丸めてしまう子がいます。

じゃんけんをしたとき、グーの形を見ると、掌握反射が残っているかどうかがわかります。手のひらがしっかりグーの形に握られ、親指が小指のほうに向いて握られていればOKです。掌握反射が残っている子は、親指が立ってしまったり、親指が手のひらの中に入れ込まれていたり、中指と薬指の間から親指が出ていたりします。

掌握反射が残っているかどうかはグーの形を見ればわかる

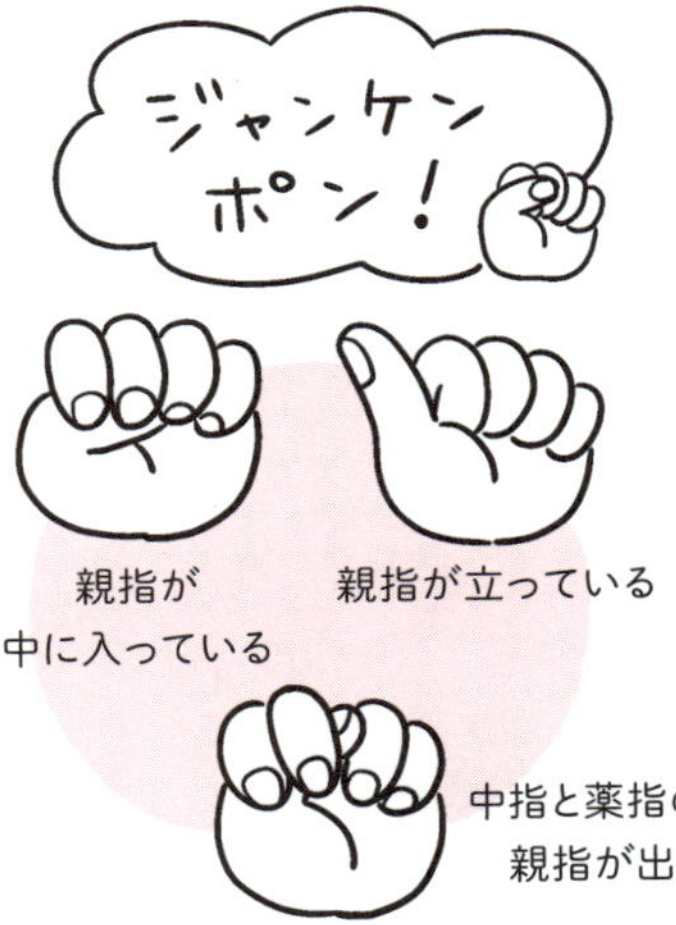

字が上手に書けないだけでなく、箸《はし》が上手に持てない、親指、人差し指、中指の3本の指を使って細かいものをつまむことができなかったりもします。

遊びの中で掌握反射をととのえたいなら、指相撲もおすすめです。ぜひ、お父さんなどと楽しくやってみてください。

そしてもう1つ、ビジョン（視覚。32ページ参照）をととのえることも重要です。たとえば、子どもに「太陽（おひさま）の絵を描いて」と言うと、太陽の丸を描くときに、描き始めと描き終わりが合わない、つまり、しっかり閉じた状態の丸を描くことができない子がいます。

掌握反射もかかわっていますが、同時にビジョンがととのっていないと、きちんと見えていないためにこのようなことが起こります。これは、視力がいい・悪いは関係ありません。目を動かす神経とかかわっているので、ものを描くときに眼球が動かず、頭や首が動いてしまう。あるいは、動かしやすい方向にばかり動かしてしまう。そうなると、教科書に書いてある文字もうまく読めず、音読が苦手になることもあります。**ビジョンをととのえることで、文字情報が入ってきやすくなり、音読が上手にできるようになります。**

また、ＡＴＮＲ（非対称性緊張性頸反射）が残っている子には、文字のバランスが悪くなったり、文字を飛ばして書いてしまったり、書き間違いなどもよく見られます。「へん」と「つくり」が左右逆になったり、鏡文字を書いたりすることもあります。

このほか、原始反射が残っていると、姿勢を保てなかったり、板書が苦手になることもよく見られます。

こんな「困った行動」にはわけがある

字を書くのを嫌がる、字が汚い、字がマスからはみ出す

掌握反射が残っていると、上手に字を書けない、字がマスからはみ出す、筆圧のコントロールができないなどのトラブルが出てきます。そのため、字を書くのを嫌がったり、字を書くスピードが遅くなってしまい、学校の勉強は苦痛なものになってしまいます。

鉛筆をグーで握ってしまって注意をされたり、きちんと握っているつもりでも力のコントロールができず、うまく書くことができません。

そうなると、そもそも書くこと自体を嫌がる子もたくさんいます。

たとえば、LUMOに通われている、自閉症で発語が見られない小学校3年生のFちゃんという女の子がいました。筆記だとコミュニケーションがとれるので、なんとか文字を書かせたいのですが、鉛筆を持つことそのものを嫌がっていました。

それが、マット運動を行い、少しずつできるようになってくると、それに合わせるかの

ように文字を書く練習を一生懸命やるようになったのです。**マット運動でとくに手のひらを床につく動きをすることで掌握反射がとれていきます。**おそらく、掌握反射が統合されていくにしたがって、鉛筆を持ち、文字を書くことにも抵抗がなくなってきたことも大きかったのではないでしょうか。

Ｆちゃんには後日談もあります。

文字を書くことに抵抗がなくなり、たくさん文字を書くようになると、今度は絵を描くようになりました。それまで絵を描くことに興味がなかったのですが、なんと学校の図工の時間に、「紙が足りなくなるほど絵を描き続けている」と、先生から言われたそうです。鉛筆や筆を持ち、何かを描くことがとても楽しくなったのでしょう。図工の時間は２コマあったそうですが、その時間、ずっと絵を描き続けている。これはすごい集中力ですよね。

掌握反射があると、ボール遊びも苦手になります。指が引っかかって上手にボールを投げられなくなるのです。

先ほどお伝えしたＡＴＮＲとビジョンとのかかわりは強いものです。小学校１年生のＧ

くんは、ADHDと遠視がありました。GくんはLUMOに来る前、ある施設でビジョン（見る力）に問題があると診断され、ビジョントレーニングをしていたそうです。

これがGくんにはとてもつらいことでした。見たい方向に視線を動かせず、無理やり動かすように努力を強いられるのが、しんどかったそうです。そこでLUMOで運動をすることで原始反射の統合をすることがビジョンをととのえることになるのではないかと思ったお母さんがGくんを連れて来られました。Gくんは掌握反射も強く残っていて、鉛筆や箸を持つのが苦手だということがわかりました。お母さんも、Gくんが不器用であることをとても心配していました。

4カ月たった現在、正直なところ眼球の動きは目に見えてよくなったわけではありませんが、ボール遊びをたくさん行うことによって掌握反射がとれてきて、お箸の持ち方の練習に積極的になってきたそうです。「手先の不器用さが少しずつよくなっています」とお母さんは喜んでいました。

事例とともにいくつかご紹介しましたが、原始反射はいくつも同時に残存していることがほとんどです。その対策も1対1対応ではありません。子どもが嫌がることもあるかもしれませんが、できるもの、楽しくできるものを家庭でどんどん取り入れてみてください。

話は少しずれますが、2023年から2024年にかけてLUMOが行ったアートワークショップ「intoART」(現在はアート教室「intoART SHIROKANE」として港区白金にて開校)に参加したときに印象的な出来事がありました。家ではとても用意できないほどの大きさの紙を用意し、子どもたちに好きなように絵を描いてもらったのですが、参加した子どものお母さん、お父さんから「いままで見たこともなかった絵を描いた」「この子、こんなことを描きたかったんですね」という感想をいただいたのです。

枠を外して自由な設定をすると、とんでもない可能性や見えなかった子どもの力、やりたかったことが見えてくる――これは、学習にもつながるのではないでしょうか。

学校の一斉教育の中では、どうしてもみんなと足並みをそろえて決められた枠の中で行わなければならないことがあります。でもその枠にとらわれず、自由に表現をさせてあげることもとても大切です。それができるのも、私たちの役割なのではないかと思いました。

コンパスや定規などをうまく使えない

鉛筆や箸が上手に持てない前項ともつながりますが、掌握反射が残っている子どもは手先が不器用で、指を対立させる動き、つまり、つまむことができません。

たとえば、本のページをめくるときや細かいものをつまむとき、親指と人差し指、中指を向かい合わせて対立させるように使いますが、これがうまくできないのです。

そのため、学校で使うコンパスや定規などの勉強道具をうまく使うことができません。コンパスを開いて、針を中心に指して円を描く。これができずに、途中でコンパスが倒れてしまったり、円の最初と最後が閉じるように描けなかったりします。

コンパスや定規の先っぽや角は鋭くとがっています。モロー反射が残っていると、この先っぽや角が怖いから使うのが嫌だという子もいます。

小さい子どもならティッシュケースからティッシュをつまんで出す、などの動きもおすすめですが、もう少し大きくなったら、つまむ作業のほかに手に刺激を入れる動きを加えましょう。家の廊下をクマ歩き（両手両足をついて歩く）してもいいですね。

家のお手伝いにもたくさん手の刺激になる動きはあります。たとえば、洗濯物を干すこと。洗濯バサミの閉じ開きは、指の対立運動にはとてもいいものです。

お料理でも、ハンバーグを丸める、野菜を切る、パンをこねるなど、手の刺激となることはたくさんあります。お料理をするときは、火の扱いや刃物など危険なものもあるので、決して目を離さないなど注意が必要ですが、刃物を使うのが心配であれば、手でちぎることでもOKです。環境を整備して、その子の認識（刃物は切れるから危ないことを理解しているかどうかなど）のレベルに合わせてやりましょう。

料理には、力の入れ具合を調整したり、ものをつかんだり、押さえたりする動きがたくさんあります。親子で一緒にやる、外でバーベキューをする。興味の引き方はいろいろです。これが手先の器用さにもつながり、達成感も得られます。

また、熱い、冷たいなど手で温度を感じるのも刺激の1つ。温かい飲み物、あるいは冷たい飲み物を入れたコップを持つ（もちろん、やけどしない程度の温度にしてください）だけでもいいのです。

「お手伝い」で手の反射をととのえる

ハンバーグをこねる

洗濯物を干す

野菜をちぎる

字を書くのが苦手な子におすすめ！
運動&遊び動画

おばけお手玉

手先が不器用な子におすすめ！
運動&遊び動画

手あそび運動

クマ歩き競走

ある小学校高学年の子どもは、家で料理の手伝いをたくさんしているうちに、野球や水泳が急に上達したと言います。これも、原始反射の統合と無関係ではないでしょう。絵を描くのが好きなら、手指を使って絵を描いてもいいですよ。

授業中の姿勢が悪い、板書が苦手

授業中の姿勢が悪いと、学校で注意されがちです。でもそれは性格がだらしないとか、やる気がないということとは違うかもしれません。原始反射の残存が原因のことも少なくないのです。

「座る」ことにかかわっている原始反射は複数あります。

まず1つがＳＴＮＲ（対称性緊張性頸反射）です。ＳＴＮＲは、あごを上げると上肢が伸びて下肢が曲がり、あごを下げると上肢が曲がって下肢が伸びる反射です。

ですから、板書をするために黒板を見ようとしてあごを上げると姿勢が崩れてしまいます。あごを上げ下げすると、同時に目の動きも上下するので、ビジョンがととのっていることも重要です。

ＳＴＮＲはハイハイの動きに関する反射です。頭を上に向けると背骨がキュンと反ります。と同時に手が伸びて膝が曲がり、股関節も曲がります。反対に、頭が下を向くと、肘が曲がって足が伸びて、うつ伏せに戻るような動作になります。

たとえば、板書をするときは黒板とノートを交互に見ますよね。ＳＴＮＲが残存していると、ノートに字を書こうと首を曲げて下を見るときに肘が曲がり、足が伸びてしまいます。つまり、姿勢が乱れやすくなるのです。

また、足を投げ出して座る、投げ出した足をからませる、あるいは椅子なのに、なぜか正座をしてしまう、椅子の上であぐらをかいたり、膝《ひざ》を立てたりしてしまう……これらもみな、ＳＴＮＲの残存が影響しています。

よく電車で座ってスマホを見ていて、両足を投げ出している人がいますね。マナーが悪いということもありますが、つい「原始反射が残っているんだな」という目で見てしまいます（笑）。

ＴＬＲ（緊張性迷路反射）も姿勢の悪さにかかわっています。ＴＬＲは頭を前に曲げると全身が前屈し、頭を後ろに反らすと全身が伸びる反射です。

この反射が残っていると、上を向くと体が反ってしまい、下を向くと体が丸まってしまいます。授業中にこの反射が出てしまうと、姿勢が悪い、態度が悪いとされてしまうでしょう。

脊椎ガラント反射（スパイラルギャラント反射）が残っている子は、腰まわりや背中の刺激を嫌がるため、椅子に座るのが苦手です。

学校の椅子には背もたれがあるため、もたれかかると気になって体がくねくねしてしまいます。その反応を見た大人から、「姿勢が悪い」「ビシッと座りなさい」などと言われてしまうこともあります。

でも、これらはみな、**態度の問題ではなくて反射の問題**です。

子どももある程度、自覚ができる年齢になれば「ちゃんとしなくちゃ」と思うようになります。でも、そうやって反射を抑えようと頑張れば頑張るほど、ストレスがたまります。

先生や親から「姿勢をよくして」と注意されることも同様です。加えてモロー反射が残っていれば、感覚過敏があることから、ほかの子の動きや、音や光が気になったりします。こうしたストレスを抱え、コントロールされる状況から逃れたいと思うと、授業中にその場にいられない。結果、立ち歩いてしまうことにつながります。

そもそもストレスを抱えている状態では、授業どころではありません。学習内容が頭に入らなくなるのも当然です。

これが家庭での癇癪につながることもあります。学校ではなんとか頑張っても、ストレスをため込んで家に帰ると、それが爆発して癇癪を起こしてしまうこともあります。

教育現場では、よく「勉強は姿勢から」と言います。それはもっともなのですが、原始反射が残っている子どもに、いきなり、いい姿勢を押しつけても、うまくいきません。

むしろ、原始反射が残っているお子さんは、勉強などに集中しているときほどお行儀が悪い姿勢で勉強していることがあります。集中しすぎて無意識に原始反射が出てしまうからです。

変な言い方ですが、悪い姿勢で勉強をしていたとしても、その子が集中しているとしたら、「勉強に励む」というそもそもの目的は達成できています。原始反射が残っているから、いい姿勢で勉強ができていないだけです。ただ、それを知らない先生や親は、いい姿勢を求めて子どもにストレスをかけています。これが矛盾を起こしています。

つまり、いい姿勢を求めること自体が子どもにストレスをかけ、子どもから集中力を奪ってしまうのです。これでは本末転倒です。

だからといって、悪い姿勢でも集中できているからOK、というわけにいかないのもわかります。

LUMOでは姿勢をよくするように注意することより、まずは原始反射を統合するように刺激を入れる運動をすることからアプローチします。そうしていくうちに、徐々に無意識でも、いい姿勢が保持できるようになっていくのが理想です。

原始反射を統合しつつ、姿勢の乱れを少しずつなくしていく――。

ご家庭でもぜひ、姿勢をとがめる前に、原始反射をとる動きを少しずつやっていきましょう。

姿勢が悪いのは本人のせいじゃない

授業中の「困った」におすすめ! 運動&遊び動画

風船タッチ

グーチョキパージャンプ

体幹ビジョンキャッチ

ゆりかご

右と左の指示を間違える、計算ミス、文字の読み間違いや読み飛ばしが多い

ATNR（非対称性緊張性頸反射）は、首を動かしたときに、右と左の動きが連動して動く反射のこと。赤ちゃんが寝ているとき、顔が向いている方向と同じ側の手足がまっすぐに伸び、反対側の手足が曲がっているのを見たことがありませんか。これがATNRで、手と目の協調性の発達に必要な反射です。

手と目の協調性というと難しく聞こえますが、言いかえれば、目の動きに手の動きを合わせることを言います。私たちの日常生活の多くに、この動きがあります。たとえば、食事をするとき、おもちゃで遊ぶとき、紙に字を書くとき、スポーツをするとき、目から入ってきた情報によって手や体を動かしています。

ATNRが残っていると、これがうまくいかないため、右と左の指示を間違える、計算ミスをしやすくなる、音読をするときに読み間違いや読み飛ばしをしてしまう、鏡文字を書いてしまう、などということが起こります。

右と左の認識が曖昧《あいまい》なところがあるので、利き手がわからない（あるいは、ない）子どももいます。たとえばLUMOで「（ボールを）投げやすいほうで投げて」と指示しても、右手で投げていたかと思えば、次には左手で投げていたりします。むしろ両利きならばスポーツをやる際には有利ではないかと思われがちですが、原始反射が残っている子はどちらかというと、左右どちらも苦手というニュアンスに近いのです。

ある小学校2年生の男の子は、家でも左右バラバラで、箸やはさみを使うときは右手なのですが、とっさに慣れないことをやろうとすると左手が出てしまい、うまくできなくて困っているといいます。お父さんが何度も「箸を持つほうの手はどっちだっけ?」と伝えて、ようやく最近は利き手が右手だと認識できるようになったそうです。

ATNRが残存している子どもは、体の正中線《せいちゅうせん》を越える動きが苦手になります。どういうことかというと、体を縦半分に左右に分けたとき、その線を越える動き＝クロスするような動きができず、左右どちらか一方に集中してしまうことがあるのです。

ATNRをととのえるためには正中線を越える動きや、左右別々の動きをする運動が効果的です。運動だけでなく、手遊びもおすすめです。

たとえば、「アルプス一万尺」。お母さん世代なら知っている方もいますよね。あれはまさに、手を交差させる動きをしますし、動きも子どもにはちょっと複雑です。最初はゆっくりやってみましょう。やっていくうちにパターンがわかってくるので、慣れたら今度は親子でよりスピードをアップして行うと楽しいですよ。

原始反射が残っている子どもはマルチタスクが苦手です。これらも、親が知らなければ「なんでこんなこともできないの」となってしまいがち。歩きながら風船を投げるなど、同時に複数の動きをする運動で、マルチタスクに慣れていきましょう。

なお、ATNRのほかに、STNR（対称性緊張性頸反射）が残っていても、縦書きの文字が読みにくい特性があるため、音読が苦手だったり、先に触れた、板書が苦手になったりします。

ATNRやSTNRが残っている子どもは、ビジョンもととのっていないことが多いので、ビジョントレーニングで目を動かすことも効果的です。ボールや風船などを上に投げてキャッチするなど、目を上下に動かすトレーニングをしていきましょう。

手と目の協調性の発達を促す「手遊び」

計算ミス・文字の読み間違い・読み飛ばし
勉強の「困った」におすすめ！ 運動＆遊び動画

左右のボールキャッチ
風船キャッチ
スーパーボールキャッチ
風船リフティング

④ 運動

運動神経と原始反射

「運動神経がいい」とよく言いますが、どういうことだと思いますか。どの運動をやっても器用によくできるとか、走るのが速いとか、球技がうまいとか、いわゆるスポーツが得意な人のことを、一般的に運動神経がいいと言うことが多いですよね。

この運動神経にも、原始反射がかかわっています。そもそも、体を動かすには大脳が働き、自分の意思で動作をコントロールすることが非常に大切です。足が速いとか、球技がうまいとかいうことではなく、大脳でイメージしたことを実際の体で表現することができるか、要するに**見たものをイメージして表現できるような再現性があるかどうかが、運動**

神経がいいということでもあるわけです。これができる人は原始反射が統合しているといえるでしょう。

ただし、いままで一度もやったことがない動作を、見るだけで再現できるかどうかということを言っているわけではありません。よくお笑い番組などでありますが、プロのダンサーがダンスを踊っているのを見るだけで、すぐに真似ができる人とできない人がいます。原始反射が統合している人は、ある程度練習すれば、かなりの割合で習得できる人です。一方で、何回やっても、どんなに時間をかけても、再現できない人もいます。

ボールを投げる動作も同じで、原始反射が残っていると、自分が頭の中でイメージした通りに投げることができません。ダンスやボール投げに限らず、原始反射が残っている人は、体を動かすと原始反射が出てしまうので、自分の思うように体が動かないことがよくあります。

とくにTLR（緊張性迷路反射）は運動神経とかかわりがあります。TLRは、平衡感覚や空間での位置感覚を司る平衡感覚器と深くかかわっているため、頭の動きに体が反射してしまうのです。ダンスや球技、水泳などスポーツや運動の多くは頭が動くから思ったように体が動かないのです。

ご高齢の方によく見られますが、自分ではちゃんと歩いているつもりなのに転んでしまうことがありますね。きちんと足を上げているつもりでも、そのイメージ通りに歩けていないため、段差につまずいてしまったりします。もちろん、段差そのものが見えていないということもあります。体力や筋力の衰えもかかわっているため意味合いは違いますが、原始反射が残っている子どもたちに起こっていることも、原理としては同じです。

同時に、**ビジョンがととのっていない人も、正しく見ることができないため、動きを認識できず、自分がイメージした通りに動けない**こともよくあります。

逆に言うと、自分が頭でイメージしていることと、実際の動きが一致していれば、基本的には運動神経がいいといえるでしょう。言いかえれば、運動神経がいいということは、自分の体の認識力が高いともいえるのです。

もともとの運動能力の差はあるにしても、原始反射を統合することで、子どもが思うように動けるようになったり、転びにくくなったりとメリットはたくさんあります。ぜひできるものからやってみてください。

こんな「困った行動」にはわけがある

ふらつきやすい、転びやすい

ふらつきやすい、転びやすい子どもたちが増えているのは、足裏の原始反射が残っていることも大きな原因といわれています。なかでも、バビンスキー反射が深くかかわっています。

バビンスキー反射とは、足の裏の外側をこすると、足の親指が甲側に反り返ったり足指が外側に広がる反射で、赤ちゃんの運動機能を発達させるために必要な反射です。

バビンスキー反射が残っている子どもは、足の裏が過敏です。そのため、足の裏を床にちゃんと接地できない、といったことが起こります。

よく立っているだけなのに足をくねくね動かしたり、パタパタさせたりしている子がいます。とくにきちんと並ばなければいけないときなどに限って、足を半分浮かせて立っていて先生に怒られてしまったりする子も。このような子どもはバビンスキー反射が残っている可能性が高いでしょう。

また、かかと歩きやつま先歩きをする子もバビンスキー反射が残っているかもしれません。大人から見ると、遊んでいるのかふざけているのか、と思ってしまいがちですが、足の裏の刺激を嫌がるために、このような動きになってしまうのです。

足の裏で地面をしっかりつかんで歩けなかったり、床に足の裏を接地させる面積を減らそうとしたりするため、ふらつきやすく、転びやすいのです。 そのため、運動が苦手になりがちです。そもそも指が上がってしまったら走れませんよね。

もう1つ、ふらつきの原因となる原始反射がTLRです。TLRが残っていると、上を向いたときにバランスを崩しやすくなってしまいます。ボールのキャッチや階段を上っているときにふらつくのも同様です。首の動きが硬いと、首を上下に動かしたときに体も動いてしまいます。

それを防ぐのにおすすめなのが、ゆりかご運動。体育座りをして、そのまま後ろにゴロンと倒れます。子どもが不安になる場合は、お母さんお父さんが支えてあげたり、親子で一緒にゴロンとしてもいいですね。首と体をスムーズに動かせるようになるだけでなく、背中の刺激にもなり、脊椎ガラント反射を統合するのにも有効です。

砂や芝生の上を歩けない

いま、芝生の上を裸足《はだし》で駆け回ったりすることがとても少なくなりました。スポーツにしても、裸足で行うものはあまりありません。保育園、幼稚園などでは、意識的に裸足になるような遊びを取り入れているところもありますが、そう多くはないでしょう。

赤ちゃんの頃からバビンスキー反射を繰り返すことで、足の機能が発達し、立ったり走ったりする動きの基盤をつくっていきます。

ところが最近は、ご家庭では畳の部屋が減り、つるんとしたフローリングの床が増えました。子どもたちは、ちくちくする砂場を歩く海水浴よりも、きれいに整備されたプールで泳ぐことが増えました。このように、足の裏への刺激が減ることによって、バビンスキー反射が残りやすくなっているのです。

バビンスキー反射が残っている子どもは、芝生や砂の上など、普段と違う地面の感触に対して、「痛い」「気持ち悪い」などと嫌がります。この経験から、靴下を脱ぎたがらなくなることもあります。

また、保育園や幼稚園や水泳教室でプールに入る前に、プールサイドに座って、足で水をバシャバシャとさせることがありますね。

保育園のプールで、楽しいはずなのに、これをものすごく嫌がったという男の子がいました。その子は裸足になるのも嫌がることから、お母さんは保育園の先生に「足が汚れるのが嫌なのかもしれません」と言われたそうです。ただ、原始反射の観点でいうと、バビンスキー反射が残っていたのかもしれませんね。

バビンスキー反射が残っている子にとっては、水も、温度差やバシャバシャという触覚の刺激になります。サンダルで外を歩いていて、小さな石ころがサンダルの中に入るたびに立ち止まって嫌がるとか、リビングの床に落ちた一滴の水を踏んだだけで大げさに嫌がるなど、小さなサインはあちこちにあります。

ぜひ、親子で遊びの中で足裏への刺激を入れて、バビンスキー反射を統合していきましょう。

よく転ぶ・フラフラ足が動いてしまうのは足の反射が残っているから!?

転びやすい

砂場や芝生、水を嫌がる

足が落ち着かない

ふらつきやすく転びやすい子におすすめ！ 運動&遊び動画

足指ワーク

ゆりかご後立つ

芝生や砂の上を歩くのを嫌がる子におすすめ！ 運動&遊び動画

足裏ボール運び

Column 1

バビンスキー反射と鉄棒

バビンスキー反射が残っていると、つま先歩きや、かかと歩きをすることがあるとお伝えしました。幼稚園年長のHちゃんは、細くて小柄な女の子。いつもつま先立ちで、音にすると「てててて……」という感じで歩いていました。原始反射が残っているんだろうなとは思っていましたが、なぜか小学校に入ると、鉄棒が大好きになったのです。何度も足で蹴り上げては逆上がりの練習を繰り返していました。

原始反射が残っていると、鉄棒が苦手な子どもは多いものです。何より、体ごと回るという不安と恐怖がありますし、頭の位置が上に行ったり、下に行ったりします。それがモロー反射を助長します。でもHちゃんは、小柄で体も軽かったこともあり、何度も練習するうちに逆上がりも軽々とできるようになりました。おそらく鉄棒の練習をしていく中でモロー反射が統合されていったのでしょう。

ときを同じくして縄跳びもよくやるようになりました。縄跳びはジャンプをするので、足裏への刺激があります。さまざまな刺激が入ったおかげで、バビンスキー反射もとれたのか、いつの間にかHちゃんのつま先歩きもなくなりました。

ＴＬＲが残っている子どもも、鉄棒は苦手です。

たとえば逆上がりは、足腰を鉄棒に引き付けないと回れません。ＴＬＲは頭を後ろに反らすと全身が伸びてしまう反射なので、逆上がりをしようとして頭を後ろに反らすと、足腰が伸びてしまってできません。逆上がりをしようとして体だけ後ろに反って、足が伸びてしまっている子どもは、もしかするとＴＬＲが残っている可能性が高いかもしれません。

ただ、大人が補助について、何度も練習して体の動きを覚えさせてあげることで、鉄棒はできるようになります。鉄棒ができるようになると、原始反射が次々と統合していくこともあります。

動きがぎこちない

「動きがぎこちない」とは、通常はこう動くよね、という動きに対して、実際にできていないということ。さまざまな原始反射がかかわっています。

たとえば、ジャンプをするとき、通常は膝を曲げて勢いをつけて上に跳びますよね。

ところが原始反射のTLRが残っているお子さんは、まっすぐ上に跳ぶことができず、体がえび反りになってしまったり、ほとんどジャンプすることができずに、頭だけ後ろに倒れてしまったりすることがあります。

STNRが残っていると、上半身と下半身の動きが連動しにくいので、ジャンプをしても、ぎこちない動きになります。

また、ボールを投げるとき、右利きなら右手でボールを投げて、左足を前に踏み出しますね。

ところがATNRが残っていると、右手で投げて右足が出てしまうことがあります。

「動きがぎこちない」のは、体の協調性(ATNR/STNR)が原因!?

ATNRが残っていると、
左右をクロスさせる
動きが苦手

STNRが残っていると、上下の動きが難しい

動きがぎこちない子におすすめ！
運動&遊び動画

クロスカニ歩き　ラテラルホップ

原始反射のベースとなるモロー反射が残っている場合、緊張すると反射が出やすくなるため、一生懸命に練習して、練習ではうまくできていたのに、本番の試合で期待した動作ができないこともよくあります。すると、「あの子は本番に弱い」などと言われてしまうのです。

このほか、原始反射が残っていることで不器用だとされてしまうこともあります。靴紐《くつひも》を結ぶことが苦手な子もそうです。しっかり結んでいるのにすぐほどけてしまったり、結ぶことそのものができなかったり。

これは、ただ手先が不器用なわけではなく、左右の協調性が苦手なことがあります。左右の協調性とは、左右の手を互いに協力させて動かすこと。靴紐を結ぶには、左右の手を上手に使わないとできません。

なぜそれができないのか。

その理由の1つがATNRの残存です。体の正中線を越える運動を行うことで、ATNRがととのい、左右の協調性が養われていきます。

足が遅い、スキップやジャンプができない

ＬＵＭＯの教室に来られる前に、足が速くなる、いわゆる「かけっこ教室」のようなところにお子さんを通わせることを検討していたという方も少なくありません。ただ、原始反射が残っている子どもは、動くことは好きだけれども、かけっこ教室のような一斉指導が難しく、あきらめてしまうケースもあります。

親御さんも含めて、みんなどこかに「足が速くなりたい」「かけっこが得意なほうがカッコいい」という思いがあるようです。

足が遅いだけでなく、走り方が変だと友だちにからかわれたりすることで、運動会に出たくないという子どももいます。わずか４、５歳で走り方を気にして、「自分はカッコ悪い、だから運動会に出たくない」と自信をなくしてしまうのは、とても残念ですし、もったいないことです。

同じくIくんも、頑張って走ってもみんなに置いていかれるせいか、人前で走るのを嫌がるようになっていました。原始反射としては、モロー反射はもちろん、STNRやATNRの残存が見受けられました。でもLUMOに通っている間に、「少しずつ走るフォームがよくなってきました」とお母さん。

フォームがよくなれば、走る速さも変わってきます。Iくんも自覚していたようで、「ママ、速く走れるようになったよ」と、走る姿を見せてくれるようになったそうです。運動会も嫌がることなく参加しました。1位、2位になることはありませんが、とにかくわが子が一生懸命走っている姿を見るのがうれしい、とお母さんは話してくれました。

また、スキップができない原因もさまざまあります。1つにはATNRが残っていると、左右交互に足を出すことができず、どちらか一方の足ばかり前に出てしまい、スキップができないことがあります。要は足の入れ替えができないのです。

それ以外にも、TLRが残っていると、目で見ているものを再現できないため、スキップができないということもあるでしょう。

「走る」「跳ぶ」が苦手な原因

ATNRが残っていると
体の左右を分けて動かせない

TLRが残っていると
バランス感覚が悪くなるため
走る姿勢をとりにくい

STNRが残っていると
上半身と下半身を別々に動かしにくい

**足が遅い・スキップやジャンプが苦手な子に
おすすめ！ 運動&遊び動画**

馬とびくぐり

球技が苦手

把握反射が残っていると手に無駄な力が入ってしまい、鉛筆や箸を使うのが苦手になるという話をしましたが、これはボールでも同様です。

ボールのような球形のものも上手につかむことができないため、球技が苦手になってしまうのです。掌握反射が残っていると、ボールを投げるときに指が引っかかってしまいます。すると、ボールを遠くに投げたいのに真下に投げてしまったり、逆に上のほうに投げてしまったり、後ろに投げてしまったりすることさえあります。

そのためキャッチボールができない、ドッジボールでボールを投げられない、受け取れないといったこともあります（ただし、ドッジボールは、ボールが体に当たるのが怖いことからモロー反射が残っている子は苦手になる可能性もあります）。

ATNRが残っていると、体の正中線を越えるようなクロスさせる動きが苦手になります。球技では、クロスさせる動きはよくあります。ボールを投げる、テニスや卓球、バドミントンなどのラケットをスイングする、野球のバットを振る、バレーボールでスパイクを打つなど、あらゆる動きが該当します。

また、ボールを投げるだけでなく、キャッチをするのが苦手な子どももいます。ボールをキャッチしようとすると、後ろに倒れそうになる子は、TLRが残っている可能性があります。

TLRが残っていると、頭の動きに体が反応してしまいます。頭を上げると体が伸び、下を向くと体が丸まってしまうため、キャッチボールなどでボールを取ろうと上を向いた瞬間、体のバランスを崩して後ろに倒れそうになったり、下を向くと前のめりになって転びそうになってしまったりします。

ビジョンがととのっていないと、ボールを受け取ろうとしてもボールと自分との距離感がうまく取れず、キャッチできないこともあるでしょう。

球技が苦手=運動神経が悪い、スポーツができない、と見られることは多く、それだけで自信をなくしてしまう子どももたくさんいます。苦手だからやらない、やらないから原始反射をととのえる機会が失われ、ますますできなくなるといった悪循環に陥ってしまうのです。

ＬＵＭＯでは安心できる環境の中でボールを使った遊びも楽しく行っていきます。ご家庭でも、楽しい雰囲気で、ボールを触る機会をできるだけ増やしてあげてください。できれば、１つでもいいので、好きな球技やスポーツを見つけてあげてほしいと思います。


原始反射をととのえたからといって、球技が突然うまくなったり、ボールを遠くまで投げられるようになる、というわけではないでしょう。

でも、「何かの球技特有の動き」や「ボールを投げる」動きを体に覚えさせることはとても大切です。この経験をしているかしていないかで、不安感や恐怖心も少なくなります。そうすれば、自信をなくして「できないからやらない」ということはなくなり、チャレンジしていく気持ちにはなるでしょう。

また、スポーツ以外にも、前述したような家のお手伝いをたくさんさせてあげるのもおすすめです。

ハンバーグをこねる、洗濯バサミをつまむといった動きは掌握反射の統合にもつながり、

球技が苦手な原因

掌握反射が残っていると
ボールが上手につかめない

ATNRが残っていると
体をクロスさせる動きが苦手

TLRが残っていると
「上を見て下を見て」でバランスを崩す

ビジョン（視覚）の問題で
動くものを目で追えない
距離をつかめない

球技が苦手な子におすすめ！
運動&遊び動画

バランスボール後転

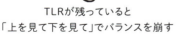

力をコントロールできるようになってきます。ペットボトルのキャップを開ける、手紙の封を切る、というのもおすすめです。

ついつい親心で代わりにやってあげてしまいたくなるものですが、子どもがやりたいと思っているタイミングを見逃さず、しっかりやらせてあげることが大切です。

どんな小さなことでも、子どもがやろうとしている機会を奪わず、チャレンジを見守ってあげてください。

⑤日常生活

身辺自立と原始反射

最後は日常生活の中の気になることについてです。範囲が広すぎるため、あらゆる原始反射がかかわっていますが、そのベースには、これまでお伝えしてきたようにモロー反射があるのが大きなポイントです。

むしろ、何気ない日常生活の中で困りごとがあればあるほど、原始反射が強いともいえます。その分、何もしなければ本当に、原始反射を統合するのが難しくなってしまいます。

日常生活の中の困りごとで多いのが、この後でご紹介する偏食、おねしょ、爪を噛む、乗り物酔い、ボタンをはずせないといった、まさに衣食住やお出かけの中で起こることです。これまでの反射と同様、本人がコントロールすることができません。

モロー反射がベースにあるのは、不安や緊張があるということです。

たとえば、爪を噛むのは、不安もその1つでしょう。

また、おねしょの場合、衣類や布団を汚してしまってお母さんお父さんに怒られてしまうことで、余計になおりにくくなるといわれています。これも不安や緊張がかかわっているのでしょう。

監修者の本間先生は、よく「おねしょをしても家族は決して怒らないで」と話されています。それは、**怒られることによって子どもを不安や緊張にさせないことが重要だ**ということからです。

日常生活において共通していえるのは、**家庭が子どもにとって安心できる場所（セーフティーゾーン）であり続けるということです。**これがモロー反射をととのえる第一歩なのです。

こんな「困った行動」にはわけがある

偏食

偏食で困っているご家庭はとても多く、いわゆる発達障害の診断をされるお子さんには偏食が多いといわれています。

偏食が多いお子さんには、探索反射（ルーティング反射）と吸啜《きゅうてつ》反射が残存していることが多いものです。

探索反射とは赤ちゃんの口元をやさしくつつくと、反射的に口を開けてくわえようとする反射です。これはお母さんの母乳を飲むために備わっている反射です。

吸啜反射も同様に母乳を吸うために備わっている反射で、口に入ってきたものを強く吸う反射です。

これらの反射が残存している子どもは、口まわりが発達していないので、口元の刺激に過敏に反応することがあります。そのため食べ物の食感に敏感になったり、噛むと口まわりが疲れてしまって、たくさん噛みたくない、噛みにくいものを嫌がる傾向があります。逆に言うと、〝安全な刺激〟だけを好むため、偏食になってしまうことがあります。

とくによく聞くのが、肉を嫌がる子どもです。何回も咀嚼《そしゃく》しなければならず噛みにくい、噛むとボソボソするといった理由から「うちの子、肉を食べないんです」という声を親御さんから聞きます。

育ち盛りの子どもには動物性のタンパク質は重要です。一概にはいえませんが、LUMOに比較的、痩《や》せ型で年齢の割に小柄なお子さんが多いのは、タンパク質、とくにお肉を食べない子どもが多いことも理由の1つではないかと思っているほどです。

においや食感を嫌がることが、食べ物の好き嫌いに発展しているので、感覚過敏も影響しています。

探索反射をととのえるためには、舌を使う運動や口まわりに刺激が入る運動をすることが効果的です。

シャボン玉を吹いたり、風船をふくらませたりするのもおすすめです。

口まわりをきたえる遊びで偏食対策

風船をふくらませる

シャボン玉

ティッシュくるくる
ふーふー

偏食の子におすすめ！
運動&遊び動画

おねしょ

おむつがとれるような年齢になったのに、いつまでたってもおねしょがなおらない。幼稚園や保育園でお泊まり保育があったり、小学校に入ってお友だちの家に泊まりに行くにもおねしょが心配……。そんな声もよく聞きます。

大きくなってもおねしょがなおらないと、子ども自身の自信を失わせてしまったり、自己肯定感を下げてしまったりしがちです。

おねしょがなおらない子どもは、脊椎ガラント反射が残っている可能性があります。もちろん、排尿機能や腎臓などに問題があるケースもありますが、いずれにしても、子どもの性格や、親の育て方のせいではありません。

脊椎ガラント反射は腰まわりの反射で、脊椎の片側をなでると、刺激があったほうに肩や腰がくっついてしまう反射です。要するに、腰背部を刺激されると、くすぐったくなくても、体がくねくねしてしまいます。

この原始反射が残っていると姿勢が悪くなる、集中力が落ちる、そしておねしょが長引くことがあります。

腰背部まわりは排尿とリンクしているため、夜、寝返りをした際にそこが刺激されておねしょをしてしまうことがあります。年齢が高くなれば、この反射が残っていても、日中はトイレに行くことができます。でも、夜寝ているときばかりはコントロールできません。子どもはとくに寝返りの回数も多く、朝起きたら反対側に寝ていた……などということも珍しくありません。

脊椎ガラント反射をととのえることで、おねしょを解決していきましょう。おねしょで悩むお子さんの中には、「夜尿症」と言われ、小児科などで薬を処方してもらっている場合もあるでしょう。

もちろん、薬が悪いわけではありませんが、とくにおねしょが治まってくるはずの年齢にもかかわらずおねしょが続く場合は、同時に原始反射を統合する動きをすることが、おねしょ解消の近道になるかもしれません。

脊椎ガラント反射が残っているかどうかは、マット運動をするとわかりやすくなります。

前転や後転をサポートするときに、指導員が腰まわりを押さえてサポートしようとしますよね。反射が残っている子は、これを嫌がったり、くすぐったがったりします。極端な子は、触っていないのに、触ろうとするだけで嫌がる場合もあります。この場合は、サポートの仕方を工夫します。だんだん慣れてくると、そしてほかの反射もととのってくると、腰まわりを触れることに抵抗がなくなってきます。

ご家庭で運動をする場合、脊椎ガラント反射が強く残っている子どもは、無理に触ろうとすると嫌がって逆効果になります。

ただ、嫌がるのは最初だけのことがほとんど。何度も同じことを繰り返すうちに、嫌がらなくなるでしょう。

ぜひ、腰背部を刺激する動きをやってみてください。マット運動のように、前転や後転をするのもいいですが、難しければ親子で一緒に布団やベッドに横になり、横にごろごろ転がってみたり（寝返りのような動き）、くすぐりっこをするのも楽しいですね。

前にご紹介した「ゆりかご」の動きもおすすめです。

腰や背中の反射をととのえて、おねしょを解決！

※脊椎ガラント反射が残っている子におすすめの運動&遊び動画は、「背中でボールコロコロ」「ボール乗せハイハイ」（148ページ）をご覧ください。

マスクや服・爪を噛む、おしゃぶり癖

先にお伝えしたように、探索反射や吸啜反射が残っていると、口元に触れたものを噛んでしまうため、指しゃぶり、マスクを噛むなどの行動につながります。

逆にマスクをすることそのものを嫌がる子も、探索反射、吸啜反射が残っている可能性が高いでしょう。

探索反射が残っていると、口元に何か触れると口が開いてしまったり、噛んでしまったりします。新型コロナウイルス感染症の流行によって、小さい子どもでもマスクを着用していることが増えましたが、なかにはマスクによだれがつくほど噛んでいる、と困っている親御さんもいます。洋服の襟《えり》やタオルを噛む子、小学生のケースでは、鉛筆を噛んだり、鍵盤ハーモニカの口をつぶしてしまうほど噛む子もいます。

刺激を求めて、口まわりをずっとペロペロなめている子どももいます。ずっとなめているので、唇のまわりがいつも荒れていました。その子はなかなか発語がありませんでした。

探索反射や吸啜反射は口まわりの筋肉ともかかわりがあり、反射が残っていると、発語にも影響を与えてしまうのです。

指しゃぶりや爪を噛む癖も同様です。アメリカでは、母乳を早めに切り上げられた子に、探索反射が残ることが多いともいわれています。

「うちは完全母乳で2歳になっても飲ませていたから大丈夫」などと言うお母さんもいますが、一概にそうとはいえません。たとえば母乳の出がとてもよかったお母さんの場合、赤ちゃんからすると簡単に母乳が出てしまうので、探索反射や吸啜反射を使い切ることができず、反射が残るのではないかと考えられるのです。

ミルク育児をされていた場合、ミルクの出がいい哺乳瓶を使って飲ませた場合も同様に、反射が残る可能性もあります。最近では、あえてミルクが出にくいように工夫されている哺乳瓶の乳首もあるので、原始反射に関しては、一概にミルク育児はダメで母乳育児はOK、というわけではないのです。

なお、爪を噛む癖のある子どもの場合、モロー反射の感覚過敏であったり、ストレスが関係している場合もあります。

ＬＵＭＯに通われていた5歳児で爪噛みがひどく、爪も切れないほど短くなってしまっている子がいました。その子はモロー反射が残っていて不安が強く、幼稚園のお泊まり会でもずっと爪を噛んでいたそうです。

お母さんは理解がある方で、「さびしかったんだね」とやさしく声をかけてあげていました。それでも、教室に通われて3カ月ほどした頃には噛み癖はなくなり、「お母さん、爪切って」と言えるほどに爪が伸びてきました。

指しゃぶりや爪噛みは癖ではあるのですが、普段は噛み癖がない子でも、不安や緊張を強いられる状況になると、爪を噛むことがあります。どういうことかというと、おそらく不安や緊張によってモロー反射が誘発されやすい状況になると、ほかの反射も出やすくなるためです。

いずれにしても、口まわりを刺激したり、動かしたりする運動が効果的です。ストローを吹いたり、口笛を吹いたり、口まわりを動かす体操をしてみるのもいいでしょう。子どもが嫌がらないように、遊びの要素を取り入れてみましょう。

噛み癖の原因

かむの
やめなさい
やめたくても
やめられないんだよね
なんか
落ち着くんだもん
カミ
カミ
爪
えんぴつ
ハンカチ
こんなときは
ブクブク
ストロー
ラッパ
風車
笛

遊びながら口まわりの反射をととのえよう。

お顔じゃんけん　ストローふーふー

服・爪を噛む子におすすめ！
運動&遊び動画

乗り物酔いしやすい

乗り物酔いの原因は、三半規管で感じる体の平衡感覚と実際の体の状態にズレが生じていることが考えられます。脳の中で調整しきれずに自律神経が不安定になることから「酔い」という症状が出やすくなります。

乗り物酔いにかかわっているのがＴＬＲ（緊張性迷路反射）とモロー反射です。おまけに感覚過敏があると、においにも敏感です。よく車のにおいが苦手で余計に気持ちが悪くなる、という子どもの声も聞きます。

子どもの頃は乗り物酔いがひどかったのに、大人になるとあまり酔わなくなるのは、成長につれて原始反射が統合することが多いからでしょう。

ＴＬＲとモロー反射が残存しているといろいろな動きに鋭敏になってしまうため、少し揺れただけでも吐いてしまったり、怖いと感じてしまったりします。

また、マット運動の前転や鉄棒の前回りや逆上がりなどの回転する運動が苦手、あるい

「ひらひらキャッチ」で乗り物酔い対策

フラミンゴポーズ

背中合わせでごろりんくるりん（リュックサック）

乗り物酔いする子におすすめ！
運動&遊び動画

は遊園地のコーヒーカップなど回る動きをすると気持ちが悪くなる子も、その背景に平衡感覚の過敏さがあると考えられます。

お母さん、お父さんが子どもの頃、公園にくるくる回る球形の遊具があったのではないでしょうか。目が回るまで遊んだりしたものです。

コーヒーカップもそうですが、このような目が回る遊びはTLRやモロー反射をとるのにもうってつけでした。しかし、最近では危険だという理由から、公園から遊具が撤去されることが多く、子どもたちが〝目が回る経験〟をすることが少なくなってしまいました。回る経験が減ってしまえば、原始反射だけが残ってしまうのです。

Jくんは乗り物酔いがひどく、幼稚園の遠足ではいつも吐いていました。ところが、小学校になって野球を始めるようになると、半年ほどでまったく乗り物酔いをしなくなったそうです。外野手のJくんは、フライを取るのが得意で、ボールを受け取るためにしょっちゅう上を向いていたのです。

推測になりますが、頭を上げて体のバランスをとりながらボールを追いかけてキャッチする、この繰り返しが自然にTLRをとる動きになっていたのではないかと思われます。

ご家庭では、ボールを高く上げてそれをキャッチするだけでも有効です。野球ボールである必要はなく、小さい子ならおもちゃのカラーボールでいいでしょう。家の中で行う場合は、天井に当てないように注意してくださいね。

ボールが苦手、家の中ではやりにくい、という場合は風船でもOKです。風船のほうが上に投げたときの滞空期間が長いというメリットもあります。

もっと小さい子なら、「こより」もおすすめです。ティッシュペーパーをねじって「こより」をつくり、大人が高いところから落とします。ひらひらとゆっくり落ちるので、子どもがキャッチしやすいでしょう。

不器用で、服のボタンをはずせない

「幼稚園でスモッグのボタンがはずせず、大泣きしました」

「ボタンが苦手で、いつも洋服を着るのが遅く、朝はバタバタです」

などというご相談とともに、「うちの子、不器用なんです」という声をよく聞きます。お話を聞くと、お母さん、お父さんのこれまでの経験から、「不器用なのが当たり前」「不器用だから仕方ない」と思われてきた様子がうかがえます。不器用なのは手先のことだけではなく、体の動きから人への接し方、考え方や行動など、すべてを含んでいるようです。

どうか〝不器用〟という言葉で片づけてしまわないでください。もしかすると、原始反射の中の、掌握反射が残っているせいかもしれません。

鉛筆や箸が上手に使えないのと同じように、掌握反射が残っていると、親指と人差し指、中指を対立させて細かいものをつまむのが苦手になります。

遊びの中で手のひらに刺激を与えたり、ボタンをはずす動きと近い、何かをつまむような動きや、指先を鍛える動きをたくさん繰り返したりするといいでしょう。**親子で手遊びをする、ブロックや積み木、パズルやおはじき、折り紙、知育遊びなどもおすすめです。**

外遊びでも、ボールを持つ、投げることも手のひらへの刺激になります。

指先を使う遊びで「不器用さ」が改善！

指当てゲーム

服のボタンをはずせない子におすすめ！
運動&遊び動画

Kくんも、幼稚園でスモッグのボタンが苦手でした。でもお母さんとしては、スモッグを着るのは幼稚園の間だけだから小学校に入れば大丈夫、と思っていたそうです。

ところが、小学校に入れば、手先を使う細かい動きはあちこちにあります。入学早々、とまどったのが名札でした。教室に入ると、名前を書いたバッジを胸につけなければなりません。針をはずして洋服に刺して名札をつける。Kくんはこれがなかなかできず、時間がかかってしまいました。

次に困ったのが靴です。野球を始めたKくん。野球用のトレーニングシューズは面ファスナーのタイプだったので問題なかったのですが、スパイクシューズは靴紐でした。この靴紐が、なかなか上手に結べなかったのです。練習して結べるようになっても、結び方がゆるくて、すぐにほどけてしまっていました。

しばらくは大変でしたが、野球そのものがボールを握り、キャッチする、掌握反射の統合に役に立ったのか、野球の上達と比例するように靴紐もしっかり結べるようになりました。

同じ服を着たがる、座るときにくねくねする

「いつも同じ服ばかり着たがります」という話を聞くと、こだわりの強い子どもなのかと思うかもしれません。ただ、それにはいろいろな理由が隠れている場合があります。

たとえば、洋服のタグが気になる、チクチクした肌触りが気になるということであれば、モロー反射からくる感覚過敏が隠れているのかもしれません。

ゆったりした服を好む場合は、洋服のきつさや肌に触れる感じがどうも気になっているのかもしれません。これにはモロー反射のほか、脊椎ガラント反射が影響している可能性があります。脊椎ガラント反射が残っていると、衣類の刺激を嫌がって、くねくねしてしまいます。椅子の背もたれが気になって姿勢が悪くなってしまうのも、このタイプです。

チクチクした感じやタグを嫌がって、わざわざ洋服を裏返しにして着たり、タグを全部きれいに切ってからでないと着なかったり。

LUMOでも、休日のお父さんのような格好をしている子をよく見かけます（笑）。お

イヤがるのは、背中の反射《脊椎ガラント反射》が残っているから!?

服のタグが気になる・
体をくねくねしやすい子に
おすすめ！　運動＆遊び動画

背中ボール
コロコロ

ボール乗せ
ハイハイ

しりまで隠れるようなゆるゆるのTシャツを着て、ゴムがゆるく、微妙に膝下まであるゆったりしたパンツをはいている子が多いのです。生地も薄手で抵抗感がないようなもの。

これ自体は大した困りごとではないかもしれませんが、よく親御さんから聞くのは、「いつも同じ洋服を着て、出かけるときの服がない」という声。洗濯してヨレヨレの同じ服ばかり好み、家族で外出するときも部屋着みたいで恥ずかしい、と。そのため、親戚の結婚式に出席できなかった子もいます。

なかには衣類そのものを拒んで、家ではすっぽんぽんでいるような子も。それが自分らしさともいえますが、LUMOで楽しく運動を繰り返すうちに、服が着られるようになっていく子が多いです。

靴や靴下を嫌う

靴や靴下を嫌がる子どもも、先にお伝えしたバビンスキー反射が残っている可能性があります。

なかには、バビンスキー反射によって親指や小指が広がってしまうため、足の指が靴に当たってこすれ、ひどい場合には足に褥瘡《じょくそう》ができてしまう子もいます。そうなると本当に靴をはきたがらなくなってしまいます。靴が圧迫してくる刺激も嫌がるため、大きめの靴をはいて、パカパカさせています。

先に述べた通り、原始反射が残っていると、反射に近い動きをやりたがる子（seeker）と、反射に近い動きに敏感なために、その動きを嫌がる子（avoider）の2つのパターンがあります。

バビンスキー反射はそれが顕著で、靴下や靴をはくのを嫌がる子は刺激を求めるほうのseekerです。足の裏の刺激を求めるからこそ、どこに行ってもすぐに靴下を脱ぎたがるのです。

一方、刺激を嫌がる子はどこにいても靴下をはいていないと落ち着きません。先にお伝えしたように、芝生や砂などの刺激を嫌って、裸足になるのを嫌がる子がそうです。

望ましいのはseekerのほう。その原始反射による刺激をとことんやり尽くすことで、統合していきます。靴や靴下を嫌う子どもは、どんどん裸足で刺激を与えてあげましょう。

足裏の反射《バビンスキー反射》をととのえる裸足遊び

こんなときは

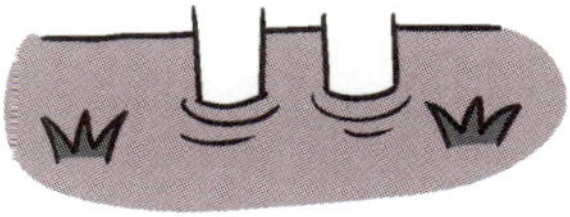

田植え

砂場

シーソー遊び

裸足で遊んで
足裏に刺激を入れよう！

靴や靴下をはきたがらない子に
おすすめ！ 運動&遊び動画

ペアでボール運び

足相撲

Column 2

小さな成功体験を積み重ねる

ＬＵＭＯに来る子どもたちの中には、いろいろな場面で不器用だったり、運動が苦手だったり、コミュニケーションがうまくとりにくかったりして、小さい頃から知らず知らずに自信を失ってしまったケースもあります。全員ではありませんが、ほめられてきていない子どもが多いと感じます。

もちろん、お母さん、お父さんは愛情を持って育ててきてくださっていますが、保育園、幼稚園や小学校などの集団生活の中で、どうしてもほかの子どもたちと比較される場面が出てきたり、注意を受けたりして、自信を失くしてしまうのです。当然のことながら、誰かのお手本になったことなどありません。

そんな子が、ＬＵＭＯで前転ができるようになってから、小学校の体育の授業で前転のお手本になったのです。先生にほめられて、みんなの前で前転をしたそうです。彼にとっては生まれて初めての「お手本」です。その日は、得意げに学校から帰宅してきたそうです。

LUMOではスモールステップで一つひとつ、できるようにしていきます。**「できた！」「できた！」の小さな成功体験の繰り返しで、少しずつ自信をつけていきます。**

よく、子育てではほめることが大事だといわれますが、LUMOの教室では、ほめる「タイミング」も大切にしています。

うまくできると、指導員と子どもはよくハイタッチをします。ハイタッチをするのは、その子にとって〝ちょいむず（ちょっと難しい）〟な運動（動き）ができたとき。

それを繰り返すうちに自信がついてくると、子どもたちに変化が見られます。それまであまりほかの子どもたちに興味がなかったような子が、急に自分よりも年下の子の面倒を見るようになったり、友だちが、できないことができるようになったのを見たとき、拍手で喜べるようになったりします。

一方で、いくらLUMOでできないことができるようになってたくさんほめられたとしても、学校などほかの場所でも同じようにしてもらえなければ、子どもたちの自信は減ります。私たちはLUMOでつけた自信を、家庭や学校でも保ってもらいたい、と心から願っているのです。お母さんお父さんがそれを理解してくださって、家庭でもたくさんほめていただけると、子どもたちの伸びは早くなると感じます。

ほめるときは成果をほめるのではなく、気持ちをくんであげて、その子が前に比べてよくなった点を具体的にほめてあげることが大切です。

それは、安心感や信頼関係の中でこそ効果を発揮します。ほめる以前に、お母さんやお父さんと子どもの、信頼感がベースにあることが大切です。

たとえば、3歳の子が前転がきれいにできたとき、「すごいね、カッコいいね!」といったほめ方もしますが(ちなみに、子どもは男女問わず、〝カッコいいね〟というほめ言葉が大好きです)、私たちはお子さん一人ひとりと長く付き合っていて、その経過を見ているので、「前よりもまっすぐに回れるようになったね」「着地がきれいになったね」など、具体的な成長をほめたいのです。

子どもは、大人が〝ずっと見ていてくれる〟〝変化に気づいてくれる〟ことにとても敏感です。もうとっくにできていることに対して、いくら「カッコいいね!」と言ったとしても、心の中で「いや、前からできてるし……」と思っているものです。

ずっと成長を見ていてくれる指導員に対して、安心感や信頼を抱いてもらうことが最優先。その上で子どもの変化を具体的に、タイミングよくほめる。指導員は、指導員でありながら子どもと同じ目線で、同じ感覚で成長を見てくれている仲間のような感覚なのです。

だから、子どもが「できた！」と思ったタイミングでハイタッチがくると、「わかってるよね！」という感覚になり、本当にうれしいのではないでしょうか。

ＬＵＭＯ式ほめ方は、家庭でもできます。むしろ、子どもとの信頼関係が築かれている家庭で、ずっと成長を見守ってきているお母さん、お父さんだからこそできることだと思います。ぜひ実践してみてください。

Column 3

失敗を恐れる子、チャレンジしない子への接し方

ＬＵＭＯに来ても、失敗するのが怖いなどの理由から、なかなか運動にチャレンジしない子どももいます。遠巻きに見ているだけの子もいます。このようなことは、保育園や幼稚園、学校などの集団生活の中でも見られることでしょう。

そんなとき大人は、たいてい「楽しいから、一緒にやろうよ」と誘ってしまいがち。でも考えてみてください。子どもは、楽しいと思えないからチャレンジしていないのです。怖かったり、不安だったりしているところに「楽しいよ」と言っても通じません。

たとえば、前転が怖くてやりたくない子がいても、私たちは無理に誘いません。まずはその不安な気持ちを受け入れます。本書で繰り返しお伝えしているように、子どもたちは安心だと感じて初めて動くからです。原始反射が残っていると思われる子どもなら、なおさらそうでしょう。

子ども自身から「やらない」「やりたくない」という言葉や意思表示が見られたら、「本

当にやらないのね」と確認しつつ、「(それだったら)見ていてね」「休んでいてね」「急に入っちゃダメだよ」ということを伝えます。これは安全面から出てくる言葉です。その上で「入りたくなったら言ってね」と。

指導員が一緒に見学することもあります。一緒に見ながら、「○○くん、楽しそうだね」などと声をかけることも。すると、「やりたい(入りたい)」という気持ちになることが多いようです。

何が言いたいかというと、無理に参加させないで、子どもがチャレンジしやすい環境をつくるということが大切なのです。

このとき、子どもだけでなく、大人(指導員)も本当に楽しんでいることが重要で、本当に楽しんでいると、子どもは敏感に反応し、「やりたい」となるのです。

大人は子どもを〝楽しませる〟存在である前に、**大人自身も〝楽しむ〟のです**。それでもやりたくない子は一定数います。でも、**子どもは「楽しそう」と思ったら輪に入りたいものなの**だと思います。

これは、ご家庭でもできることです。

子どもに何か運動させたい、と思っている親御さんは多いのですが、私たちがお伝えしたいのは、「まず、親御さんが運動してください」ということ。自分たちは何もせずに、子どもに「楽しそうだから運動教室に入ってみる?」「サッカーやってみる?」などと誘うケースがあります。

子どもたちはそんな言葉にだまされません(笑)。親がやって、それを見て子どもが興味を持つから「やりたい」と思うのです。

「できるかどうかわからない」という不安からチャレンジしない子どももいます。LUMOに入ったものの、自分にはできそうもないことをやっている。だから怖くて参加できない、となるのです。

そんなときに意識しているのが先にもお伝えした、小さな「あっ、できた!」を積み重ねていくスモールステップです。

たとえば前転なら、そもそも回れない子には、マットに両手をついて頭をつけるところから補助をします。土下座のような姿勢ですね。原始反射があると、頭を丸めて後頭部をマットにつける（首を入れる）ことが怖いのです。

そこから少しずつ、しっかり補助をしていたのを、腰だけ、肩だけ、と減らしていきます。一人ひとりの状態に合わせて、不安な子にはちゃんとサポートしていることで安心感を与えますし、「一人でできるから、触らないで！」という子には、目を離さず、必要であればこっそりサポートする、というようなイメージです。

どうサポートするかはその子次第。チャレンジしたいタイミングもその子次第です。ここでもキーワードは「安心」。いつも「この子はどうすれば安心するのか」を考えるようにしています。

地図があって目的地がある。そこに徒歩で行くのか走っていくのか、自転車で行くのか、行き方もスピードも人それぞれ。遠回りしたい子も寄り道したい子もいます。それはその子に残っている原始反射によっても違います。

私たちが行っていることは、その子にとってベストな行き方を見つけることなのです。

Part 3

＼親子でラクになった！／

発達トラブルが改善した感動の声

Part3では、実際にLUMOに通われて、変わっていった5人のお子さんの体験談を、親御さんの声で紹介します。

体験談1
「癇癪が落ち着いて、授業中に席を立たなくなりました」
（りょうまくん・小学校3年生）

息子は保育園時代、一言でいうと「かなり聞き分けの悪いタイプ」。先生からの一斉指示も耳に入らず、思いが伝わらないと、「きぃ〜！」と甲高い声でよく叫んでいたため、先生から「きぃ君」と呼ばれていました。

保育園に迎えに行くと、「帰りたくない、まだ遊びたい」などとわめき散らすこともあれば、逆に「保育園には行きたくない！」と朝、送迎の自転車の後部座席で体を揺らして大暴れすることも多々ありました。

一方で、好きなことに対しては、まわりが感心するくらい集中し、おとなしくなります。YouTubeなどの動画を英語の勉強のために見せていましたが、とても集中して見ているのです。甘え上手な一面もあり、保育園では先生とぶつかりながらも、よくかわいがってもらえました。

小学校では「問題児」。知らないのは親だけだった

わが家は母子家庭で、完全なワンオペ育児。頼れる大人も近くにいませんでした。まわりが理想とするようなやさしいママには到底なれず、親子の在り方に悩む日々が続いていました。育児を楽しいと思うことは、ほぼありませんでした。

小学校の入学相談では、悩んだものの先生との話し合いで普通学級へ。入学後は集団登校の待ち合わせ場所に連れて行くのもひと苦労。授業中は座っていられず、相変わらずテンションは高かったようですが、やんちゃな友だちもでき、学校は楽しそうでした。

息子の失態を知ったのは小1の2学期の参観日のこと。知らないお母さんから、やさしく報告されたのです。「うちの子、りょうまくんとほかの子数人に馬乗りにされてから『学校に行きたくない』って、いま休んでいるんです」と。このとき、すでにわが子は、クラ

スの保護者から〝発達障がい〟〝問題児〟というレッテルを貼られていたのです。

その日の夜から親子で反省会。私は叱ることしかできず、担任の先生からはネガティブな報告ばかりが続く日々。この時期を、私は心の中で「お通夜」と呼んでいました。

担任の先生の気持ちもよくわかりますが、何もわからない私に具体的なサポートやアドバイスはまったくありませんでした。私からのしつこい要請が実を結び、3学期からようやくボランティアのサポートと、通級クラス（通級指導教室）への定期的な参加が叶《かな》いました。ＬＵＭＯに通うようになったのはその頃からです。

自分の気持ちが伝えられるようになって

ＬＵＭＯに行こうと思ったのは、子どもの〝困った〟を直したかったからです。息子は、

- 体育座りができない。
- 食事中にいつも左手を使わないで、腕がだらっと落ちている（利《き》き手は右手）。
- 姿勢が悪い。猫背。授業中に椅子の上であぐらをかいている。いつの間にか椅子からな

だれ落ちていることがある。

●ペットボトルのキャップが開けられない。

ざっと挙げただけでも、これだけ出てきます。

LUMOではドッジボールが大好きなようで、逃げるのはうまいと自負しています。投げるのは苦手ですが（笑）。

友だちとぶつかっても、そのとき自分が感じた気持ちを先生（指導員）に言語化して伝えられるようになりました。家では、姿勢が崩れないよう、ゲームやタブレットを使うときは必ずスタンドを用意するようになりました。

いま、通って9カ月がたちますが、少しずつ学校でも変化が出てきています。

集団登校に間に合うように一人で行けるようになり、気持ちの言語化ができるようになって、癇癪を起こさなくなりました。落ち着きも出てきて、授業中は席を立たなくなったそうです。

うちの子は遊びのとき以外、人前で大きな声を出したり、授業で発表したりすることが苦手です。でも、私と飲食店に入ると毎回大きな声で「すいませーん、お冷や1つ！」など大きな声で頼んでくれることは、すごい進化です（笑）。

まだまだ息子も進化の途中ですが、1つ言えることは、まわりのサポートをできるだけ多く、早く受けて、親自身のエネルギーや気力が奪われないようにすること。これが大切だと思います。

体験談2

「5分も座っていられない！ を楽しい運動で卒業。本人も家族もラクになりました」

（Kくん・小学校3年生）


幼児期から癇癪、こだわりなどの特性と運動神経に顕著《けんちょ》な遅れがありました。小学校に入学してからは、字を書くことが難しく、授業中に座っていることができず離席してしまうことがありました。

病院で検査をしてもらったところ、ASD、ADHDのほかに、運動発達遅滞があると診断されました。感覚過敏のほか、座るために必要な筋肉が人より発達していないこともわかりました。

医師から「座ってから離席するまでの時間（当時で5分くらい）が、大人が3～4時間ぶっ続けで席に座って疲れる時間と同等です。肩はこんにゃくのような状態で、書字するために形をキープし、操作できる力がないので相当つらいと思います」と言われたときは、衝撃を受けました。

「10歳までなら運動神経の発達が見込めるので頑張りましょう」と言われ、それ以来、定期的にいま必要な動きや運動などを病院の作業療法士の先生にアドバイスしてもらっています。

小2で支援級を求めて引っ越し。しかし、運動療育をしている施設はいっぱいで空き待ちの状態。トランポリンやバランスボールにウォーキングなど自力でできることをしていました。いまやるしかないと追い詰められ、焦りを感じていました。

過剰に反応して友だちとトラブルも

学校ではなかなか理解が得られず、友だちが近づいてきたり、ぶつかったりするのが怖く、過剰に反応してトラブルになることも。口がうまく回らず、自分の気持ちを伝えられずに叫んでしまうことも多々ありました。学校でのサポートを受けることもできず、学校から頼まれて、1年生の間は、ほとんど母親である私が一緒に登校し、授業中も横につき、一緒に授業を受けていました。

原始反射について詳しく調べたわけではありませんが、Kが赤ちゃんのとき、モロー反射を見た覚えがないため、おそらくモロー反射は残っていると思います。実際、強い雨風や雷の音、サイレンなど、聞いたことがない音に弱いところがあります。

LUMOに通うようになったのは小学校3年生のとき。以前からLUMOのSNSを見て、運動のやり方を参考にしていました。ちょうどその頃、学校の支援級の体制が変わり、体育の時間が減ってしまったことに不安もあり、体験に参加してみたのです。

少しでもできていると指導員の先生がほめてくれるので、本人も「すごく楽しかったから通いたい!」と。息子の体の発達特性もお伝えしたところ、よく理解してくださったのも安心でした。

息子はもともと疲れやすく、筋肉の発達に遅れはありますが、運動することは嫌いではありません。LUMOなら楽しく通い続けられると思いました。

体力がついて頑張れる時間が増えた

息子は前転・後転が大好き。以前は前転・後転をすると体がぐにゃっとつぶれてしまっていましたが、いまはしっかり突っ張って、体を支えられるようになりました。両手両足をついて歩く、クマ歩きもできるようになりました。家でもマット運動の練習をする機会が増えました。

体力がついてきたため、学校でも頑張れる時間が増えたようです。交流級で普通級の授業を受けると、以前は疲れて床に寝そべっていましたが、最近は椅子に座ることができているようです。

運動療育や体操教室はいろいろありますが、「心身の発達特性」と「それに伴った必要な運動」の2つがつながる専門知識のある指導員や先生は、病院以外ではなかなか見つからないものです。

精神的な訓練も大事ですが、うちの子のように、精神障がいや感覚過敏のほかに、運動発達の障害も大きく抱えているようなお子さんには、必要な体の発達を促すだけで本人も家族もラクになる部分が確実にある、というのが私の実感です。

体験談3

「臆病で慎重だった息子が、何でもやってみよう！という気持ちを持てるようになりました」

（まひろくん・小学1年生）

言葉が遅く、こだわりが強く、人見知りや場所見知りもひどかったため、3歳児健診のときに療育センターを紹介されました。その結果、自閉症と軽度知的障害と診断されました。

児童発達支援教室の療育に通い始めましたが、体幹の弱さがありました。

たとえば階段を降りるときには、両足を着地してから一歩ずつしか降りられず、階段しかない駅のホームなどでは、降りるのにとても時間がかかり、ほかの人の迷惑になることも。体の動かし方の不器用さが気になり始めていました。

臆病でやってみたい気持ちはあるのに、体を思うように動かせず、とまどうことが多かったようです。ＬＵＭＯに通おうと思ったのはそんなとき。体幹を鍛えることで少しでも苦手意識を減らして、やってみようという気持ちを持つことができればいいなと思いました。息子が5歳のときでした。

運動だけでなく社会性も身についた

ＬＵＭＯに通うようになってから1カ月後には、駅の階段をスムーズに降りられるようになりました。こんなに早く効果が出るのかとびっくりしました。それと同時に、おしゃべりが上手になってきたと言われて嬉しく思いました。

それから、できることも増えていきました。その日できた運動を得意げに、嬉しそうに教えてくれることもあります。「マットででんぐり返しできたよ！」と言って、とてもきれいな前転を布団の上で見せてくれます。また、壁逆立ちもできるようになって、驚きました。

家ではよく、トランポリンを跳びながら、YouTubeを見ながらエクササイズ感覚で踊るということをしています。

身体面の変化もそうですが、やる気やコミュニケーションにも変化が見られています。それまではとても臆病で慎重だったのに、やってみようと思う気持ちを持てるようになりました。それと同時に、お友だちなど、まわりの様子もよく見て動けるようになり、コミュニケーションの面でも人と積極的に関われるようになってきました。

最初は「体幹を鍛えられれば」といった思いから通い始めましたが、運動を通してできることはそれだけではありません。

運動をする中で言葉が増え、ルールを守ったり、まわりの様子を見て動いたりという社会性も身についてきています。運動だけではない、多方面に対して多くの成長が見られると感じています。

何より親としていちばん嬉しいのは、子どもが積極的に楽しんでいること。ＬＵＭＯでは子どもが喜ぶそんな姿が見られるのです。

体験談4

「人見知りが見違えるほど改善！語彙が増えて気持ちの切り替えもうまくなりました」

（Kくん・3歳）

ほかの子に比べてどこか幼さを感じており、なかでも言葉の遅れが気がかりでした。また、感覚過敏なのかなと思う節があり、人見知りや場所見知りもあり、神経質な息子にどうしたらいいのかとわからずにいました。

とくに大人の男性が苦手で、同じ空間にいるだけで機嫌が悪くなってしまい、男性の親戚やお友だちのお父さんが一緒の場面では遊べません。言葉の遅れの部分では、友だちの1歳下のお子さんに久しぶりに会ったとき、息子以上にコミュニケーションがスムーズなことに驚かされました。

そんな中、かかりつけの小児科の先生に、「2歳半になっても言葉が出なければ～」と言われたり、子育て支援センターの保育士さんに発達の遅れを指摘されたりして、当時は、心配になることが重なっていました。

なんとかしたいと思っていた頃にＬＵＭＯに出会いました。息子はもともと体を動かすことは好きだったので、好きなことで発達の支援ができるのではないかと思ったのです。ただ、ＬＵＭＯには男性の指導員が多いのが心配でした。ところが、少し神経質な息子が、体験レッスンの際に男性指導員の方と楽しく過ごしている姿を見ることができ、安心したのを覚えています。

おしゃべりが上手になり、親子の会話が激増！

息子にはモロー反射が強く残っているようでした。ＬＵＭＯでは指導員の方から、足の裏が少し反ってしまっていること、大きな音などの刺激で無意識に体がビクッとしていることをうかがいました。でも、「どんなことも意欲的にチャレンジできている」と聞いて、嬉しくなりました。

家での時間では、首を使って上手に上を見ることができるようになるために、ティッシュや風船を投げてキャッチする遊びをしています。それに加えて、最近はブリッジや前転、手押し車など、自宅でもできることをよく見せてくれています。

まだ時々、母子分離ができず機嫌が優れなくなったり、少し行き渋りがあってLUMOでの切り替えを困難に感じる場面もありますが、通えば通うほど気持ちの切り替えが上手になってきた様子です。

LUMO以外でも、見違えるほど人見知りなどの繊細さがやわらいできたように思います。幼稚園の男性教諭にも慣れて、ハイタッチをしているのを見たときは驚きました。

何より、いちばんの悩みだった語彙《ごい》がこの数か月で増えています。

以前よりおしゃべりが上手になり、息子との楽しい会話も増えました。まだ拙《つたな》い会話ですが、LUMOからの帰り道、今日やった活動内容を話題にしてくれます。たとえば、私が「〇〇（運動の名前）したの？」と投げかけると、息子は「うん！」や「〇〇したよ！」と答えてくれるようになってきました。

また、通所後に送ってくださる動画を本人と一緒に拝見すると、「先生とやったよ！」や「〇〇（自分の名前）、できた！」などと誇らしそうにニコニコして教えてくれます。

聞き取りづらかった滑舌も少ししっかりしてきて、母親の私以外にも、息子の言おうとしていることを理解してもらえることが増えてきました。それが息子自身も嬉しいようで、一生懸命伝えようとしている姿が微笑《ほほえ》ましいです。

言葉での表現はまだまだこれからという段階ですが、行き渋りしていた日であっても、お迎えに行くと、指導員の方の親身な対応のおかげで、とてもハツラツとしていて、息子の充足感が伝わってきます。きっとたくさんいいことがあったんだろうなと、嬉しく思っています。

たくさん動くことでエネルギーを使うようで、LUMOの日はよく寝てくれるのも、親としては嬉しいです。

3歳前からLUMOに通い始めた当初は、年長のお友だちに交《ま》じって運動についていけるのか不安もありました。でも、一人ひとりに合わせた難易度で、補助をしっかりしてくださり、少し難しいことにも臆せずにチャレンジできています。

体験談5

「思い通りにならないと泣き叫んでいた子が、気持ちを言葉で説明できるようになりました」

（Hちゃん・4歳）

1歳半頃から言葉の遅れやコミュニケーションがとりづらい点が気になっており、3歳過ぎからは癇癪にも悩まされていました。幼稚園に通い始めてからも、お友だちとコミュニケーションがとれていない様子だったので、療育を検討し始めました。

ある日、幼稚園の帰り際にブランコに乗れなかったことから、30分ほど寝転んで泣き叫ぶ時間が続き、落ち着かせるまで大変だったことがありました。外出時に癇癪を起こすと、なかなか気持ちの切り替えが難しく、泣き叫ぶわが子を見るのはとてもつらいことでした。

発達の検査時、ケンケンパができなかったり、階段を片足で1段ずつ上り下りできなかったりしたため、運動療育を探している中で、LUMOに出会いました。

集中力がつき、友だちとコミュニケーションがとれるように

ＬＵＭＯでは平均台が好きなようで、私と歩くときも、よく外の縁石で平均台ごっこをしています。動物歩き（注：クマ歩きのほか、アザラシ、トカゲなどがあります）も家でよく披露してくれます。

ＬＵＭＯで運動することに慣れてきた時期、一度ふざけてしまうとなかなか切り替えができず、集中できていなかったことがありました。でも最近は、指導員の先生が声をかけると活動に戻ることができるようになったと聞いてほっとしました。

また、お友だちと一緒に活動できることが楽しいと思えるようになったのか、「今日はお友だちいるかな～」と毎回活動を楽しみにしているのが親としても嬉しく思います。

コミュニケーションの面でも、変化が見られました。

実は、年少の頃は友だちとほとんど話さず、コミュニケーションがとれていなかったのですが、年中になってからは友だちの名前を覚え、幼稚園での出来事もぽつりぽつりと話

してくれるようになりました。友だちともぎこちないながらも少しずつかかわれているようです。

これまでなら嫌なことがあるとすぐに地面に寝転んで癇癪を起こしていましたが、いまでは親の話に耳を傾けることができるようになり、どうして嫌な気持ちになったのか、言葉で説明できるようになりました。

〝療育〟というと、抵抗がある方もいらっしゃるかもしれません。でも、LUMOのように小集団でのびのびと活動できる空間は、子どもだけではなく親にとっても安心できる場所になると思います。

指導員の先生方が子どもの特性を理解した上で、いつも楽しく、時に厳しく指導をしてくれる心強い場所で、これからも子どもの成長を見守っていきたいです。

Column 4

原始反射Q&A

Q いつ原始反射は統合されますか？

A その子が求めている刺激をやり尽くすと統合されることが多い

原始反射は何回やれば統合されるというものでもなく、時期にもよるというのが実際のところです。ただ、トレーニングをやっていくと確実によくなりますし、少なくとも悪化することはありません。その動きをやりたがる子をseeker（求める人）、嫌がる子をavoider（避ける人）と呼ぶとお伝えしましたが、その子が求めている刺激をやり尽くすと、統合されることが多いようです。

ただ一般的には、すべての原始反射はだいたい1〜2歳、遅くとも3歳までには統合されます。3歳くらいまでに原始反射の動き自体と、原始反射を統合させる遊びをたっぷりさせることが理想ですが、何歳からでも間に合います。

Q 原始反射のトレーニングをやめてしまったら、問題行動が増えますか？

A 悪化はしませんが、統合されないまま大人になる可能性も

原始反射のトレーニングをやめても、問題行動が増えたり、悪化したりすることはないでしょう。ただ、そのままではよくなることはない、つまり統合されないまま大人になってしまうでしょう。もちろん、成長とともによくなる部分はありますが、タイミングを逃しているだけであれば、トレーニングをすることで統合されていきます。

Q 原始反射のベースとなる「モロー反射」が残っているかどうか、確かめる方法はありますか？

A 簡単にチェックする方法があります。

モロー反射が残っているかどうかを確かめるには、安全な場所で以下のような方法を試してみてください。

1 ガニ股（または内股）で歩かせます。お子さんが「ガニ股」「内股」の意味がわからない場合、ガニ股＝「かかととかかとを向かい合わせるように歩く」、内股＝「つま

先とつま先を向かい合わせるように歩く」と説明しましょう。

2 ガニ股、内股で歩いているときの、腕の状態をチェックします。モロー反射が統合されていれば、腕は自然に体の脇に沿うように下ろされ、自然に腕を振って歩きます。モロー反射が残っている場合は、腕がロボットのようにぎこちなくなる、左右差があるなど、腕を自然に振ることができません。

チェックするときは、子どもに意識させないように、「腕の動きをチェックする」ことは言わないようにしてください。

モロー反射が残っている子は、そもそもガニ股歩き、内股歩きができないこともあります。またチェック中、歩いているときに手のひらが正面（体の前面）、または後ろを向いてしまったりします。

モロー反射
チェックテスト

エピローグ

あきらめを、チャレンジに

自分の子なのに育てにくい。

ほかの子どもと比べて、○○ができない、遅れている。

あるいは、発達障がいをはじめ、何らかの障がいがあると診断された。

お母さん、お父さんはそんな心配と不安の中、相談に来られます。大切なかわいいわが子です。でも、ずっと一緒にいて、寄り添いながら育てていくのは大変なこと。半分あきらめかけてしまうような状態もあるでしょう。そんな大人の心を、子どもたちは敏感に感じ取っています。

お子さんも口に出さずとも、心の中で「僕（私）って、どうせこんなもんだよね」「どうせやってもできないし」。お子さん自身があきらめてしまっているのです。

私の父親は、鍼灸マッサージ師であり、薬剤師でもありました。祖父も薬剤師で、父もそれを引き継いで薬局を営んでいました。

私が小学校3年生のとき、それは起きました。

阪神・淡路大震災です。父親の横にタンスが倒れ、そのときの影響で視神経が萎縮し始め、父は徐々に視力を失っていったのです（現在、父は全盲となっています）。

小学生の私は、日常生活において障がい者と家族としてともに暮らすことになりました。その中で子ども心にとても強く感じたことがあります。それは、いま、大人になった自分の言葉で言うとすれば、「過度なおせっかいは自尊心を傷つける」ということでした。

父はもちろん、自分で望んで視力を失ったわけではありませんが、そのこと自体は受け入れていました。視力は失っても、自分でできることもたくさんある。必要以上に手を差し伸べてくれなくてもいいよ、という姿勢だったのです。

つまり、障がいを持っている人や、弱い立場の人に対して、「できないから何かをしてあげよう」という姿勢は、相手のプライドを傷つける可能性があります。それを私は、子どもながらに肌で感じながら育ってきました。

やがて視力が落ちていく中で、父は薬剤師も薬局もやめることになりました。残念ながら根っからの文系の私は、継ぐことはできませんでした（笑）。

父はもともと鍼灸マッサージをしていたので、マッサージは続けていました。息子の私が言うのもなんですが、目が見えなくなってからのほうが、父のマッサージの腕は上がったような気がします。何かを失ったときに何かを得る、というと大げさかもしれませんが、父の手に、それまでにはない何かが宿った気がしました。

そんな経験が、私の現在の仕事に生きています。

何か不器用な子どもたち、障がいを持っている子どもたちは、何かを失ったとまでは言わないにしても、できることや選択できることが少なくなってしまっている現実がありま す。

でも、それを「できない子」として見て過剰にサポートするのは、子どものプライドが傷つきます。

そうではなくて、その子の可能性を引き出すことで、いまの子どもの状態を変えることができるのではないか。その子がもともと持っているよさを活かせるのではないか。自分の持っている光に気づくことができるのではないか。

いくつになっても、生きている限り、成長したいと思うのが人間です。

目が見えない人には、盲導犬や白杖《はくじょう》があります。私の父はパソコンを使ってコミュニケーションをとることができます。一方、いま、私たちが取り組んでいる発達障がいをはじめとした領域は、まだ漠然としていて、対策が見えにくい。それゆえに少しずつ、学校から、社会から隔離され、排除されてしまうこともあります。

私たちLUMOのプログラムは、目が見えない人にとっての盲導犬や白杖、パソコンのようなものでありたい。そして、子どもたちがチャレンジできる環境を提供したい。誰もがチャレンジし、輝けるチャンスをつかみ取り、思い描く未来の可能性を引き上げていきたいのです。

夢はどんどんふくらんで、ゆくゆくは「LUMOに行ったから、アカデミー賞をもらいました」「オリンピックに出場できました」なんていう子が出てきたらいいなと思っています。

運動を通して、リーダーになったり、人と心を通い合わせたり、誰かを思いやれたり、人の成功を心から喜べたり。子どもの心の温度を1度でも上げられるようなことを、これからも運動を通して行っていきたいと思っています。

最後になりましたが、この本の出版にあたってご協力いただいた早稲田大学スポーツ科学学術院の広瀬統一教授、スクエアクリニックの本間龍介先生、LUMOスタッフの岡田知代さん、田代優輝さん、そして、支えてくださった多くのみなさんに、深く感謝します。

2025年1月吉日

松本　哲

付録

＼本書で紹介した／

モロー反射を統合する 難易度順 運動&遊び一覧

易

難易度 1 ゆりかご

101ページ

難易度 2 ヒトデ遊び

67ページ

ごろりんボールキャッチ

67ページ

難易度 3 おすし体操

67ページ

難易度 4 仰向けごろん

67ページ

難易度 5 リュックサック

83ページ
141ページ

難易度
6 バランスボール後転
67ページ

難易度
7 逆さまだっこ
83ページ

難易度
8 背面飛行機
67ページ

難易度
9 グーパージャンプ
73ページ

難易度
10 いろんなブリッジ
67ページ
ブリッジ足上げ
83ページ

難易度
11 スタンディングブリッジ
67ページ

難

著者・監修者紹介

松本哲　青山学院大学在学中から幼児〜高校生のサッカー指導に携わる。卒業後、サッカー指導のかたわら国家資格である柔道整復師を取得。2012年、接骨院併設型パーソナルジムを運営する株式会社 ViA 創業。2020年「あきらめを、チャレンジに」をミッションに株式会社 Gotoschool を設立。児童発達支援・放課後等デイサービスの「子ども運動教室 LUMO（ルーモ）」や就労支援など、人の成長にかかわる課題解決にむけた事業を展開。“LUMO” はエスペラント語で「光」を意味し、光る原石である子どもたちのチャレンジを、運動を通してサポートし輝かせたいという思いを込めた。原始反射の統合により発達を引き出す独自メソッドを構築。
https://gotoschool.co.jp

本間龍介　医学博士。米国発達障害児バイオロジカル治療学会フェロー。スクエアクリニック副院長。聖マリアンナ医科大学医学部卒業後、同大学院医学研究科修了。自身が原因不明の重度の疲労感に苦しんだことをきっかけに、アドレナル・ファティーグ（副腎疲労）の提唱者であるウィルソン博士に師事。帰国後、日本初の副腎疲労外来を開設。近年は、副腎疲労治療を応用し、認知症状や発達障がいなど脳のトラブルにも治療効果を上げている。
https://www.squareclinic.net/

発達障《はったつしょう》がい＆グレーゾーン
楽《たの》しく遊《あそ》びながら
子《こ》どもの「発達《はったつ》」を引《ひ》き出《だ》す本《ほん》

2025年 1 月30日　第 1 刷

著　　者　松《まつ》本《もと》　哲《さとる》
監 修 者　本《ほん》間《ま》龍《りゅう》介《すけ》
発 行 者　小澤源太郎

責任編集　株式会社 プライム涌光
電話　編集部　03(3203)2850

発 行 所　株式会社 青春出版社
東京都新宿区若松町12番 1 号 〒162-0056
振替番号　00190-7-98602
電話　営業部　03(3207)1916

印　刷　中央精版印刷　　製　本　フォーネット社

万一、落丁、乱丁がありました節は、お取りかえします。
ISBN978-4-413-23391-0 C0037